Rich致富 *172*

（《黃金再起》全新增訂版）

第一次買黃金就賺錢

楊天立◎著

高寶書版集團

致富館 172

第一次買黃金就賺錢（《黃金再起》全新增訂版）

作　　者：楊天立
總 編 輯：林秀禎
編　　輯：吳怡銘
出 版 者：英屬維京群島商高寶國際有限公司台灣分公司
　　　　　Global Group Holdings, Ltd.
地　　址：台北市內湖區洲子街88號3樓
網　　址：gobooks.com.tw
電　　話：(02) 27992788
E-mail：readers@gobooks.com.tw（讀者服務部）
　　　　　pr@gobooks.com.tw（公關諮詢部）
電　　傳：出版部 (02) 27990909　　行銷部 (02) 27993088
郵政劃撥：19394552
戶　　名：英屬維京群島商高寶國際有限公司台灣分公司
發　　行：希代多媒體書版股份有限公司/Printed in Taiwan
初版日期：2009 年2月

國家圖書館出版品預行編目資料

第一次買黃金就賺錢/楊天立著. -- 初版. -- 臺北市
　：高寶國際，2009.02
　　　面；　　公分 --（致富館；172）

ISBN 978-986-186-270-6(平裝)

1. 黃金投資　2. 黃金

　563.5　　　　　　　　　　　　　　　97024922

【推薦序】

妥適運用黃金，
達到快樂理財的目標

臺灣銀行董事長　張秀蓮

　　2007年的美國次級房貸事件與2008年的金融海嘯，衝擊了全世界，全球景氣與金融市場由盛轉衰，無論是企業經營或是個人理財都遭遇了相當大的挑戰。投資人的行為轉趨保守，除了持有現金之外，更尋求有效的防禦性資產。

　　2001年以來，能源、金屬及原物料等商品在新興國家成長的題材激勵下，大幅度且快速的上漲，國際現貨金價在2001年起的7年間也上漲了307％，而同期間主要國家的股票市場表現則大多相形見絀。但在金融風暴發生後，能源及大多數的原物料價格，在經濟前景轉趨悲觀之下，也與股票市場連袂重挫，黃金雖然一度成為某些法人與投機者套現的對象而下跌，但相較於其他的金融性商品與原物料，價格表現仍相對穩定得多，而許多國際機構對於未來金價的趨勢也都表示樂觀。因此，這項傳統上具有貨幣、資產等特性的商

品，其策略性防禦功能再度受到了世人的注意，大量的資金湧入現貨黃金市場，希望能在混沌的世局中，增加一份保障。

臺灣銀行是國內辦理黃金業務的領導銀行，各類黃金的商品線豐富且完整，在美國次級房貸事件後，黃金存摺的開戶數即快速的增加，不到一年半的時間就增加了近五倍，交易量也倍增，金融風暴後，客戶的詢問更是頻繁，國內投資人對現貨黃金商品的需求明顯增加。在許多投資人主要是以防禦性資產配置為主要的思考方向，希望長期穩定地持有黃金，本行也特別規劃了「黃金撲滿」業務，以「月初買進、每日扣款、月底入帳」的方式，使一般大眾有一個簡單的方法能夠平均成本、分散風險，慢慢的累積黃金。

臺灣銀行貿易部楊天立副經理學驗俱優，除了外匯、信託、財富管理外，從事黃金的研究、分析、交易、商品研發等業務20餘年，其個人治學嚴謹、工作勤奮，對客戶的親切服務，更是廣受好評。他與本行黃金業務團隊所發表的黃金市場分析資訊，客觀中肯，向為國內投資人與媒體所肯定。

楊副經理過去為了使大眾能夠認識黃金商品及基本的分析方式撰寫的《黃金再起：投資黃金絕對優勢》一書，受到大家的歡迎與肯定，在金融風暴之後市場環境丕變，且國內也有了新的黃金撲滿、新台幣黃金期貨、新台幣黃金選擇權

等商品，因此特別將原書中相關數據、市場情況及商品介紹部份更新，並增加了黃金買賣、損益計算、黃金存摺價格與轉換金品、資產配置等的專章，同時鑑於市場新手黃金投資人增加，乃以《第一次買黃金就賺錢》為名。書中以系統與漸進的方式地介紹金價的趨勢與變化，輔以價格的基本分析架構，從而找出金價變化的蛛絲馬跡；也從各種商品的特質與個人的目標，做出適合的資產配置。希望能藉其多年的經驗與專業，以深入淺出的方式，協助投資人認識黃金商品、市場資訊與運用方法。

　　這是一本相當適合投資大眾反覆閱讀，認識黃金投資的好書，有經驗的投資人也可以從書中得到一些新的體會與黃金的專業知識。希望藉著這本書，讓更多的投資人能夠認識黃金，並妥適的運用黃金，達到快樂理財的目標。

【推薦序】

全球投資人注目的焦點之一：黃金

臺灣銀行總經理　羅澤成

　　從西元21世紀開始，全世界開始經歷了相當大的經濟、金融、政治等的轉變，在這段期間，國人對於理財及金融商品的需求也不斷增加，各家銀行莫不使出混身解數來滿足客戶的需要，而2008年的金融海嘯似乎又將這個變化推向了另一個高峰，對投資人來說，連動債受傷沉重、房地產市場下跌、股市連番重挫、基金淨值縮水、匯率波動難測、連續7年大漲的原物料商品也幾乎是腰斬，縱使全數轉為現金，又遇到零利率時代的降臨，這時，已經上漲了7年的黃金走勢相對最平穩，成為全球投資人注目的焦點之一。

　　臺灣銀行向來是居於國內領導地位的銀行，也是國內辦理黃金業務的龍頭銀行，由於營業據點遍布全台以及誠信的形象，加上黃金的專業與多元的商品，輔以網路銀行交易的便利，黃金業務的客戶與交易量都節節上升，許多客戶在規

劃理財時，也將黃金列為資產配置之一，由於黃金的新手投資人大幅度成長，對於相關議題的詢問也愈來愈多，相當需要一份可以參考的投資指南。

本行同仁楊天立副經理為了讓投資人能夠輕鬆的瞭解黃金投資的相關議題，特別投入時間與精力完成了《第一次買黃金就賺錢》一書，並且邀請我寫一篇序言，對於同仁楊副經理能於繁忙工作之餘，勤於著作，將黃金業務之理論與實務相結合，本人至感欽佩，爰樂於為之序。

臺灣銀行是國內黃金商品與投資服務最完整的銀行，不僅是有著公營銀行誠信、穩健的作風，致力於提升效率、關懷客戶與社會，在黃金業務上還有豐富的經驗與專業的能力，本行的黃金業務團隊與各個相關部門，不斷致力於研發新種商品、強化現有的服務，提供國人多元的黃金商品選擇，同時積極投入市場資訊的蒐集、分析與研判，將客觀的研究結果，透過行員、電話、電子郵件、平面與電子媒體、網路等提供給大眾，使大家能更便利與適當的做成理財的決策。

在金融風暴之後，全球投資人再度注意到黃金所具有的避險、保值、對抗變動的特質，誠如書中提到，國際上長期觀察的結果，認為黃金是與股票市場、景氣循環相關度較低的商品，對於通貨膨脹或緊縮也有相當好的防禦效果，波動

也比多數金融商品來得穩定，但國人對這方面的資訊來源有限，這本書正好提供了一個基本與全面性介紹。

本書的作者楊天立副經理從事金融服務工作20多年，在基本的學識能力方面，具有高考第二名的優異成績及英國管理碩士的學位，在銀行中歷經了外匯、市場研究分析、基金、信託、理財、外資法人保管事務等多項職務與訓練，更在黃金市場研究分析、商品研發、交易、管理、企劃等業務歷練逾20年，學識與經驗豐富，對於黃金業務的瞭解與國際黃金市場的熟悉，以及認真的工作態度，受到同仁、客戶及媒體的肯定，加上本行黃金業務團隊的全力支援，成就這本值得大家反覆研讀的好書。

本書涵蓋了金價的歷史變化軌跡、黃金商品買賣的常見問題整理、影響黃金價格重要因素的解析、國內各種黃金商品的詳細介紹以及黃金操作的技巧與心法，更有許多重要觀念的傳授，相信對於黃金投資與理財策略的實施都有相當大的幫助。

期盼這本書能夠利益廣大的投資人，也更勉勵本行專業的團隊能夠積極努力，提供大家更多更好的黃金商品與投資服務，也祝福大家理財順利成功。

【推薦序】
金價抗跌，長期潛力無限

財金文化董事長　謝金河

　　楊天立先生出版《黃金再起：投資黃金，絕對優勢》請我寫序，當時金價漲到1盎司645美元。當時我寫道：貴金屬鎳、銅、鋅、鉛、鋁等紛紛創新高，我斷言黃金將可飛越1980年寫下的873美元的歷史高價，再度締造新的里程碑。2008年，金價隨著油價創下147.27美元的歷史天價，也締造了1033美元的歷史天價。

　　天立兄的「黃金再起」出版後也果真洛陽紙貴，成為暢銷書之一。這次天立兄再版改成《第一次投資黃金就賺錢》，可能又是投資黃金的一個重要起點。因為在金融海嘯後更加突顯黃金不可替代的珍貴。

　　金融海嘯後，貴金屬行情與油價直直落，油價從147.27美元跌到32.48美元，一口氣跌掉77％。貴金屬的鎳價下跌逾八成，銅價跌了六成，鋅與鋁也都下跌七成。更可怕的是

BDI指數從11793暴跌到663跌幅超過九成。黃金向有「亂世英雄」之稱。過去金價與美元走勢背道而馳，美元貶值，金價大漲，但是2008年以來，美元轉強，美元指數從70.698大漲到88.463，美元強勁，但是金價並未大跌。

這次金融海嘯讓貴金屬全面下跌，金價也從千元反轉，不過金價只短暫跌破800美元關卡，又迅速站上800美元以上，成為在金融海嘯中最抗跌的投資標的。而且，金融海嘯後，各國政府紛紛斥巨資為金融體系紓困，各國政府只有印鈔票來解決問題，以美國債台高築，又大印鈔票來解決問題的態勢，黃金的價值再度受到矚目。

因為各國大印鈔票的結果，只得創造另一次通膨來解決問題。美元短暫強勢後，仍將回歸基本面，美元長期仍看貶，各國政府以印鈔票解決問題的後遺症也將逐漸顯現，黃金的價值將進一步受到重視，日本一家經濟研究所估黃金5年後將有暴漲數倍的潛力。

經過金融海嘯的撞擊，黃金的投資價值益加受到重視，與股票、房地產與其他原物料相比，黃金的抗跌特質已經浮現，未來投資潛力更值得期待。

【推薦序】

兼具「投資」和「保本」的雙贏商品

中華民國退休基金協會常務理事　符寶玲

　　臺灣銀行貿易部楊副經理天立是我在前中央信託局服務時的同事。多年前看到聯合報記者專訪時，稱他為「黃金王子」，不覺莞爾。不錯，天立的確俊朗瀟洒如王子，由他年輕的外表，一般人很難看出，他其實在黃金投資的領域已經鑽研了20多年。不論是黃金商品的研究開發、或是黃金市場之交易，國內可能都無人能出其右。

　　天立在1986年以高考優異成績進入前中央信託局服務，並於次年開始從事貴金屬與能源市場的研究。1989年中央信託局開銀行風氣之先，成立「投資諮詢中心」，派駐數位學養俱優的同仁，擔任諮詢服務的工作，天立就是其中之一。他們須與客戶面對面的溝通，提供各項投資工具（包括黃金）的客觀資訊，以協助客戶做理財規劃。由於天立不僅分析得頭頭是道，而且台風穩健，口若懸河，自此成為電視、

平面媒體紛紛採訪的對象。1994年,天立調至黃金交易科,由市場研究分析,轉換為實戰交易。

黃金,是一項兼具「投資」與「保本」功能的投資商品,一向深受國人的喜愛。黃金價格自1999年每盎司251美元的谷底,到2008年初突破1,000美元的價位,其後雖因波段漲幅太大及金融風暴的影響而明顯拉回修正,但表現仍然較同期間的其他商品為佳,有投資機構甚至預測金價將會上看1,200美元乃至於2,000美元。國人該如何看待這波上漲趨勢?金價未來是否還會繼續竄升?身處政治、經濟劇烈變遷的21世紀,大家是否該買些黃金做保障?這些都是國人關切的話題,但是投資人對這些問題的認知恐怕仍是相當的模糊。

天立以其豐富的學經歷背景,以及推廣黃金投資之熱忱,撰寫了本書。書中除了對影響黃金價格的基本面因素、黃金相關商品的投資觀念,以及操作方法之介紹外,還包含了他從事黃金交易多年來之實務經驗。在黃金價格相關議題的新聞炒得沸沸揚揚之際,本書之出版對於國內之眾多投資人來說,是一大福音。

【自序】

出版緣起

　　國際金價在沉寂了20多年之後，突然如一尾自沉睡中驚醒的巨龍，飛躍九天；一時之間，苦守黃金這口冷灶近20年的我，生活好似也沸騰了起來。

　　過去，每當我提到黃金時，許多人總是回答，唉呀！黃金沒有價值了啦，連利息都沒有，還不如放存款！甚至有一些好意的投資朋友們勸我不要再看黃金了，應該轉入其他的商品領域，「至少賺錢比較快。」但是這2年，許多人卻追著我說：「黃金怎麼漲了這麼多，為什麼不早點說！」，「啊！上次你叫我買，我到現在還沒有進場，現在會不會太高了，還可以買嗎？」面對一張張熱切的臉，常讓我覺得在推廣黃金投資的路上，還要更加努力。

　　更有趣的是，許多熱情的朋友們總是告訴我：「你知道黃金為什麼漲這麼多，就是因為戰爭！」、「油價漲了這麼多，黃金當然要漲！」……，凡此種種常讓我不覺莞爾，但

又忍不住想要把對整個金價大勢的看法，和他們好好分享。

20多年來，經歷了台灣黃金市場的開放，看到投資大眾因為誤判市場自由化是政策利多，或是在後來的導彈威脅下，在金價的長空行情中大量搶進黃金；也經歷東歐解構、波斯灣戰爭、蘇聯解體、南非暴動等國際事件時，金價行情曇花一現的冷漠反應；更在21世紀初發現大趨勢即將轉變而聲嘶力竭鼓吹黃金投資時，面對質疑、冷淡甚至訕笑。但我也看過掌握時勢，而在黃金投資大有斬獲的高手。凡此種種，總讓想將對黃金市場的點滴認識介紹給大家，希望每個投資人都能因為黃金投資而獲利。

從一頭栽進黃金的領域到現在，我和許多人一樣，犯過許多錯誤、賠過錢，也經歷過套牢、斷頭與幾近全軍覆沒的投資經驗，但每一次的失敗都相當珍貴，讓我得到更多的教訓與經驗，也讓我明白，天下沒有白吃的午餐。我自認不是天才型的研究與交易人員，每當面對分析上的瓶頸與操作失利時，心中總會浮現自幼家父對我的教誨：「人一能之，我十之；人十能之，我百之。」只有憑著努力用功、鍥而不捨的精神，才能一窺市場的堂奧。也因此，當我聽到商品趨勢大師吉姆‧羅傑斯說：「每一次的失敗都是我自己的錯……，是我自己不夠用功」時，真是心有戚戚焉。正因如此，每當投資人或媒體朋友向我詢問黃金投資的相關問題

時，我總願意盡力地把所瞭解的傾囊相授，希望他們可以不要再走我所經過的冤枉路。凡此種種，都是促成我寫這本書的原因。

但這本書能夠出版，首先最令我感念的就是符寶玲女士，當年是她給我機會，帶領我進入黃金研究與金融理財規劃的領域；在她的引領下，我能夠進入諮詢中心，與客戶面對面的溝通，磨練及提升我的分析能力與成果；更是因為她所指引的願景，又讓我踏入黃金實戰交易的場域，使我的黃金事業進入更寬更廣的空間。她總是以宏觀與遠見，給予年輕人機會與歷練，她不僅是在金融交易生涯中一路提攜我的貴人，也是許多人的伯樂。

雖然想寫一本書來服務投資大眾的念頭盤旋已久，也有許多人建議我出書，但一方面因為工作太忙，無暇他顧；另一方面是總覺得自己還有很多成長的空間，思之再三，也就耽擱了下來。直到王濬智先生督促我、勉勵我應該要編撰一本黃金投資相關的書籍，不但可以讓投資大眾更加認識黃金，也有利於業務的推廣，並表示可以為我安排出版事宜。至此，我才開始認真地規劃出書的工作，所以王先生可以說是這本書幕後最大的推手。這本書從一開始的規劃方向，就是通俗化的大眾投資工具書，第一大部分是黃金的歷史行情與角色變遷，希望能藉此讓大家理解黃金多變的面貌與多元

的功能，更能由歷史中學到經驗，打下投資的基礎。第二部分則是一切行情研究的基本功夫——基本分析，透過認識影響黃金價格的主要因素，架構出對整體大環境的瞭解，也建立起自己的分析模式，以便掌握大趨勢，獲致豐厚的長期收益，其中，也對目前影響金價的諸多因素，提供我個人的想法。第三部分則是黃金商品的介紹，主要的目的不是在詳細地描述每一種商品的規格，而是將我多年經驗中，發現投資大眾對商品認知模糊的部分，做一個觀念的說明，希望每一個人都能選擇到適合自己的黃金商品。至於第四個部分則是許多人最關心的，就是黃金投資的方法。我由多年觀察金市的心得中，選擇適合一般人使用的方法，介紹給大家，讓我們面對變幻莫測的盤勢，能夠有一套簡便的秘笈，輕鬆在黃金投資上獲得利益，當然，其中也有我在經驗中所累積而來的投資哲學，野人獻曝，也是希望大家能夠有一個金光閃閃的黃金組合。

　　金融行情變化無常，很少有人能夠戰無不勝、攻無不克，不斷地努力與累積經驗，是熟練這些方法的不二法門；尤其面對人性的弱點，更需要建立操作法則，確實執行，以確保長期都能獲利。我期待這本書所規劃的通俗、淺顯、易懂、好學習的目標，讓大家都能從這本書開始，建立黃金般的理財人生，一步步實踐生涯的目標。

　　出版一本書非常不容易，尤其到最後日以繼夜、焚膏繼晷，像個寫稿和製作圖表的機器般工作，沒有許多人的支持與幫助，是絕對無法完成的。感謝一路上支持我的家人、投資人與媒體朋友們，在你們的長期鼓勵下，我才有出版的動力。以及許多長官與同仁長期以來的包容與幫助，讓我能夠專心的在黃金的領域中成長。

　　高寶書版團隊也是幕後的大功臣，如果沒有各位的堅持和努力，這本書恐怕難以如期問世。每個人都盡了最大的努力，但疏漏總是難免，一定還有更好的成長空間。在此，要套用羅傑斯先生的一句話：「如果有任何缺失，那是我不夠努力用功。」誠摯期盼大家的愛護與不吝指正。

【再版自序】
黃金也可以簡單買，簡單獲利

楊天立

　　國際金價在2001年至2004年花了4年的時間，由253美元緩步走升至457美元，上漲了約80%，國人在這波行情中大多缺席，國際市場也多認為這樣的多頭市場應該要結束了。就在眾人猶疑中，金價於2005年中自411美元再起，僅以10個月的時間，飆升至731美元，再漲了近80%，並在市場一片追高聲中，一個月就跌掉了26%，許多投資人套在高點，市場普遍認為金價長多趨勢應已告終，紛紛認賠殺出。沒想到5個月後，金價再度爬升，並在2008年初突破1980年的875美元障礙，創下1,030美元的新天價，漲幅竟達84%，這波行情參與者眾，也多有斬獲，但隨後大盤卻拉回達三成，市場看法多空交錯，各大國際機構對2009年的預測高低差距高達1,300美元，令人不知所措。金價究竟何去何從，令人疑惑？但若能客觀分析主要資訊，也不難有個梗概。

　　《黃金再起：投資黃金，絕對優勢》一書撰擬於2005年
金價第二波大漲初期，因為預期金價將有長期上漲的趨勢，
而國人多尚未注意，期待讓投資大眾對黃金市場的趨勢、分
析、商品與特性能有個初步的了解，全書是以通俗、淺顯、
易懂、好學習為目標。出版以來，接到來自於長官、同仁、
金融同業、媒體、客戶等許多的回饋與建議，同業及媒體泰
半認為深淺適中，但客戶與一些長官們則覺得可以再更平易
近人，使投資大眾更容易接觸黃金投資，修訂再版的建議從
未中斷。

　　臺灣銀行與前中央信託局合併之後，綜效立見，黃金
投資客戶基礎大增，加上美國次級房貸與金融風暴的劇烈衝
擊，黃金再度發揮亂世英雄本色，受到大眾的矚目。臺灣銀
行張董事長及羅總經理對於黃金業務更是高度重視與大力
支持，囑咐積極研發新種黃金商品、提供客觀詳實的分析資
訊，以協助國人在金融風暴中能有多元而穩健的理財選擇，
也因此促成了本書修訂再版的因緣，也因為第一次接觸黃金
的投資人大增，市場詢問度增高，再版也將書名修訂為《第
一次買黃金就賺錢》，希望能以本書當作大家進入黃金市場
的踏板。

　　本書新增了第二章「黃金這樣買就對了」，主要是將
客戶詢問度最高的一些議題做一個彙整，將黃金的買賣、損

益計算、報價、價差、轉換金品、資產配置概念等舉例說明；其他各章也都就過去幾年的市場變化做了更新；第三章中對於2008年至2009年的一些變化與預測也做了說明，章末新增了2009黃金投資地圖，讓大家對未來的發展有個概略的藍圖；近年來國內新增加的黃金撲滿、新台幣計價黃金期貨及選擇權也都做了說明。金融市場總是變幻莫測，但個人理財則要有清楚的規劃，黃金具有防禦、策略、獲利等多重功能，面對紛亂的世局，光芒將更閃耀，也是資產配置中不可或缺的一環。

　　這本書的再版要感謝張董事長、羅總經理的支持與肯定，謝董事長多年來的提點鼓勵以及符常務理事的提攜與指導。各方投資人、同業與媒體朋友的建議與激勵是背後最大的推手，而臺灣銀行整個業務團隊及黃金部門的長官、同仁的合作與協助是成長的動力，家人對我的包容與認同則是努力的泉源。當然，高寶書版團隊的堅持與驅策是二次得以順利出書的大功臣。黃金市場浩瀚如海，縱使在這麼多的資源協助下，由於我個人的限制，實難以盡善盡美，也無法涵蓋大家建議，總是還有改善的空間。期盼這本書能使更多人因黃金而達到理財的目標，也企盼大家的建議與指正。

・目錄 Contents

第三章 解讀財經資訊

第四章 黃金商品

• 目錄 Contents

第一章
黃金面面觀

　　對於東方人、特別是華人而言，生活中隨處可見黃金的存在。也因為這個原因，大家對於黃金都有相當程度的認識，甚至有些人會自信滿滿地以為自己非常懂黃金，常常聽到一些投資人說：「我知道金價為什麼會漲……」、「我認為金價之所以會漲，主要是因為……」，似乎每個人都有一套想當然爾的黃金投資邏輯。但是，當投資大眾面對黃金交易市場時，所做的投資行為或得到的收益好像都不是很理想，甚至沒有成正比。

　　由於工作和興趣的關係，我踏入貴金屬領域超過20年，從研究、分析，乃至於交易、商品研發、行銷等，每每研究越深入、越是讓我對市場的變化深表敬意，或許你會覺得我的說法太玩味，其實一點都不然，因為影響市場的因素實在太多了，不是一般人所能掌握，起起伏伏之間牽引著許多因素，每一次的漲幅所看到的市場變化是一個樣貌，跌幅則又攸關另一個層面，或許這也是黃金商品特別迷人的原因吧！

兼具資產性和貨幣性

　　儘管如此，無論黃金的價格變化是否與自己原先的預期一致，市場永遠是對的。由於工作的關係，經常接觸到許多對黃金投資有興趣，而且對黃金及金價相當有理念或看法的

投資人，因此時常會觀察他們的投資行為和想法，或是與他們交換投資心得後，時常會啟發在研究黃金投資上的種種新發現，同時也讓我感受到，每個人對黃金的基本角色認知，或多或少都有些可以調整的地方。

　　舉例來說，曾經遇過某個金融同業，他的學術涵養深厚而且在金融界任職了相當長的時間。在一次的偶遇，閒聊後發現他經常買賣黃金，不過每次買的數量不多，以小額購買黃金為主，他的購買行為引起我的好奇心，於是，開始跟他請教投資哲學，他的回答相當有趣，但或許也是多數人對於購買黃金的認知，他表示：「你要知道黃金才是真正的錢……假如戰爭發生了，買一袋米，只需要一點點的黃金，因為大額黃金使用不方便。」對於一個在財務金融方面頗為資深的前輩，對於黃金竟有如此特殊的認知，這些論點對於當時自認對貨幣學及貨幣制度有些瞭解的我，感到非常意外。但這位同業前輩的想法也反應出，黃金在早年的戰亂及通貨膨脹中所發揮的價值，給他們留下難以磨滅的記憶與經驗。同時，也讓我認知到黃金在某些區域中或情況下，仍具有「保值性資產」的角色，以及相當的「貨幣」價值。

　　不僅如此，在我早期業務經驗中，有對老夫婦的故事也讓我印象深刻，他們年輕時期曾經風光過，辛苦栽培兒女出國留學，爾後，子女因為工作的關係鮮少回國。還好，老夫

婦年輕時曾買進相當份量的黃金，也因此這對老夫婦每個月都會來銀行打開保管箱，接著用一把大剪刀剪一段黃金，然後再走到附近的銀樓變現，當作是每個月的生活費。此舉讓我有很深的感觸和衝擊，壓根也沒想過竟然有人必須依賴黃金才能生活，而這個故事再次讓我體悟到黃金的資產性和貨幣性。

在此，對於某些顧客在持有實體黃金的保守邏輯給予理解和尊重；同時，也希望給予金融從業人員一些啟示，期待在與顧客商討理財計畫和投資組合時，能夠更加的注意個別的需求與差異，用更寬廣的角度來思考和衡量；此外，更想對廣大的投資顧客們給予敬意，因為生活上有很多不同的投資方式，選擇對自己最有利、最簡單的模式會是最重要的。

風暴時的最佳避難所

的確，若以投資的角度來看，黃金具備貨幣的價值，只不過在太平盛世，景氣一片大好的時候，人們往往會忽視黃金對於資產保值的能力，往往等到經濟危機出現之後，才會偶然回過頭想起黃金固有的價值。

再以資產價值的角度切入，黃金其實在人們心中扮演極為重要的角色。尤其是看到新興國家人民的投資行為，可

以瞭解一個現象，即是當他們在累積自有資產時，會將黃金視為重要的資產和重要的儲蓄工具，因而進行購買等投資的動作。就算沒有自己的房屋，仍然希望持有黃金，因為他們普遍認為黃金具備傳承的意義的，例如：台灣有許多老人家會打小金牌或金元寶給新生兒，當然此類黃金的裝飾效果不高，但卻有著深遠的意義。

　　也因為黃金具有資產性，同時也有著普世價值，不管是買進或是賣出都相當方便。舉例來說，從投資朋友手中所持有的黃金為飾金的狀況以及坊間銀樓或是珠寶店林立的情形，不難發現金飾擁有高度流動性與變現性，甚至於如果是持有標準規格的黃金條塊，還可以在全世界都任何一家具有公開報價的機構變現。字裡行間中不難發現到，多數人心中都有著一個根深蒂固的觀念，當動產或是不動產出現問題時，直覺會想到的資產價值保障就是黃金。因為當戰爭或經濟災難爆發時，房屋、土地等不動產，無法隨身攜帶；而紙鈔、證券等動產，可能會因為國家經濟的敗壞，面臨通貨膨脹，導致貨幣無法正常使用的窘境。還記得1997年亞洲金融風暴時，印尼、泰國、韓國等地金價上漲，韓國甚至還發起了「捐黃金、救國家」的運動，在在印證黃金崇高的地位。

　　黃金與其他的金屬不同點在於，全世界都具有相當高的流通性與接受度，多半都有公開買賣的價格及市場，加上過

去金本位時代留下的觀念，以及在戰爭、通貨膨脹、經濟災難的歷史中曾經展現的價值，因此在社會環境越是動盪不安時，黃金越能彰顯出價值。

從上述這些例子，倒是讓我深刻的體會到黃金的貨幣價值，以及作為一種「最後交換媒介」的保值作用。雖然當時處於80至90年代，是全球經濟快速起飛及股票市場蓬勃發展的時期，不過在人們的心裡，還是在尋求一種能夠保障資產價值的商品，因為一旦動盪又起，黃金又將再現光芒。

而2007年的美國次貸事件與2008年的全球金融海嘯中，黃金的傳統價值更受到市場的注意，全世界現貨黃金供應幾乎斷貨，許多國際金融界的老手也再度稱呼黃金具有「準貨幣」（quasi-money）的功能，甚至有人直言，一旦全球陷入經濟與金融災難，恐怕只有黃金才是真的貨幣（real money）。這也都顯示如果全球景氣進入衰退乃至蕭條的時間太久，導致大多數金融資產價格一落不起，只剩黃金具有最後的真實價值，所以必須持有一部分的黃金當作保險。

黃金是國家資產的保障

一個國家在發行貨幣時，都必須有充足的資產作為發行法幣的準備，最常見的發行準備是外匯（強勢貨幣）與黃

金。在一般已開發的西方國家，如美國及歐洲各國，都維持相當高比例的黃金準備數量，例如，西歐先進國家持有黃金準備與外匯資產間相互的比重平均約40％，多數國家皆達20至30％以上，德國、法國等國家更超過50％。然而，大部分的新興國家或亞洲國家，持有黃金作為貨幣準備比重就相對低很多，舉例來說，中國與日本的持有比例約1％、台灣目前約在3％左右的相對低點。這種現象或許有其歷史背景因素，但也可見所謂的強國或大國對黃金成為準備資產的重視。

　　1999年9月27日，歐洲的十五個中央銀行總裁於美國華盛頓集會，簽署華盛頓協定（Washington Agreement），開宗明義地表示：「黃金仍具有貨幣價值，仍是極為重要的準備資產。」該協定在2004年到期時續簽，第二期開始稱作中央銀行黃金協定（Centrl Bank Gold Agreement, CBGA），期限仍舊為5年，將在2010年到期，一般均認為續約的可能性相當高。歐洲中央銀行（ECB）也將歐元體系各國的黃金準備率下限訂為15％。由此可見黃金在某種程度上仍扮演著「貨幣」的角色。

　　在過去經驗中，也有一些頗為極端的案例。許多較為年長或資深的投資人，會將黃金的資產與價值保障的功能過度發揮，或是當作另一種的保險工具。但是，年輕或資淺的投資人，大多會將黃金視為單純的金融投資工具之一，甚至有

2007主要國家黃金準備率

（單位：％）

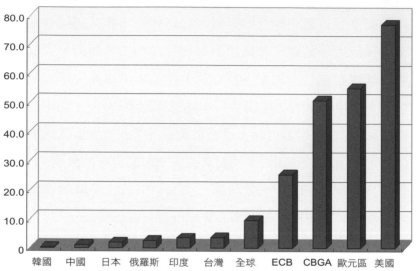

資料來源：世界黃金協會，GFMS

些意興闌珊。曾經有位資深的投資人在金價持續上漲的格局
中，仍不斷將資金投入購買黃金，甚至沒有要在波段高點獲
利的想法。因為他認為投資黃金可以保障資產價值，他曾向
我表示：「我購買黃金的主要原因是當作一種保險，同時我
也負擔得起這個保險費。」原來是，他雖然富有，但心中不
免擔心會因為某些環境變動而化為烏有，而黃金就是他的資
產與生活的最後一道防線。當時，連我都覺得他有點杞人憂
天，但在金融風暴之後又與他在某個場合巧遇，他表示已經

把很多黃金現貨保存在隨時可以取得的地方，因為他對經濟
前景相當的悲觀，甚至認為他的保險已經快到可以動用的時
候。

　　不過，一般年輕的投資人似乎沒有這種理財觀念，甚至
認為黃金不但無法孳息，投資報酬也低於股票，是整個投資
理財商品中最無足輕重的角色。還好這些年因為金價的長多
趨勢，吸引了一些年輕的族群加入黃金投資的行列，但也多
是以短線或波段操作為主，所使用的分析工具也是比較市場
派，純粹以獲利為考量，這也是年輕朋友的一大特色。

　　此外，我也碰過一些投資朋友，他們一聽到我要談黃金
投資就開始搖頭，表示沒有興趣，「投資1年，還不如一支漲
停板」、「要保值抗跌，還不如買美元！」甚至對我長年守
著黃金這口冷灶感到可惜與不解，還勸我早點轉行。結果當
我們認為金價即將反空為多，或有相當的波段獲利空間，而
將市場資訊提供參考時，他們當然是以懷疑或不值一顧的態
度視之，等到價格大漲時，才開始想要追價，平白錯失投資
良機。

是避險天堂，也是亂世英雄

　　由一般人對於傳統投資黃金的觀念中，可以歸納出兩

個有趣的概念。有時我們會戲稱黃金是「避險天堂」或「亂世英雄」。這兩個小名是由黃金的貨幣性與資產性衍生出來的，其中也與油價、戰爭等傳統影響黃金價格的因素有關。這兩個特性讓投資人在購買黃金時影響很大，之所以會這樣說，其實是長期接觸顧客所獲得的經驗法則。多數人在購買黃金時都會有以下的觀念，「現在時局不穩定，黃金一定會漲……」、「油價要漲了，黃金絕對也會跟著漲……」等說法，就連一些從事金融商品操作多年的從業人員也會說：「股票表現不佳，黃金逆勢反彈，漲定了……」、「股票看好，黃金肯定跌……」，還有些人會說：「利率低，金價肯定漲……」，這一類似是而非的說詞接連出現。其實，根據我多年的研究與經驗累積，黃金的角色並非像所有人認定的那樣一成不變，「避險天堂」與「亂世英雄」的角色是隨著時間不斷調整的。

70年代：
國際金價唯一的推手就是黃金的傳統價值

關於此點，我們可以從70年代談起。當時整個政治、經濟變化，足可證明「避險天堂」與「亂世英雄」所言屬實。兩次石油危機、伊朗人質事件、蘇俄入侵阿富汗等國際危機事件，使得當時的國際金價，隨著傳統認知裡「避險天堂」

與「亂世英雄」因素而起舞，多數人購買黃金的主要動機都是因為傳統價值裡的戰爭、油價或通貨膨脹等因素的影響。

更重要的是，當時的國際金融操作行為比現今的商業市場單純，所能投資的金融商品不如現在豐富，選擇性很少。投資商品的技術也相對單純，當時先進國家的國力，也許和現在某些亞洲國家相當，還在慢慢發展當中。所以，在70年代時，主導國際金價的唯一推手就是黃金的傳統價值，也就是完全的「避險天堂」與「亂世英雄」。黃金具有對抗通貨膨脹與戰亂的特性，反映在當時的金價就如同坐上雲霄飛車般持續上漲。

80年代：
「避險天堂」與「亂世英雄」的角色，有了新的詮釋

到了1980年1月，黃金傳統價值的影響發揮到了極致，國際金價高達每盎司約850美元的價格，當時的盤終最高價達875美元。

接下來的80年代是一個充滿變遷的時期。傳統價值雖然依舊存在，但是影響力卻逐漸消失，雖然當時仍有許多投資人相信，需要黃金來對抗通貨膨脹，或是利用黃金來進行避險的動作。80年代後，也就是1982年後，美國經濟改採供給面經濟學派的思維，也就是俗稱的「雷根經濟學」。當時美

國總統雷根以減稅的方式，企圖提升美國本土產業競爭力，培育新興產業，刺激交易市場上資金的大幅流動，鼓勵民眾擴大消費額度，而且工廠大量製造的結果，導致80年代的全球經濟與金融進入快速成長期。

除了經濟面的發展外，當時最有名的政治發展就是「冷戰」時代的來臨。此時仍然有許多人懷念著過去的傳統價值，卻不知他們所信仰的價值已經慢慢消逝。歷史的轉折點就是1987年10月美國發生股災。股災發生後，國際金價雖然小漲一段時間，但是很快卻出現下跌的局面。風波過去後，金融市場的日益成長又導致國際金價逐步下跌。整個80年代所發生的事件，導致投資人對於黃金價值觀念的轉換，從過去傳統的「避險天堂」與「亂世英雄」的角色，再度走向新的詮釋。

90年代：
「十年黃金變爛銅」的黯淡歲月

在這個時期，人民心中對於黃金的傳統價值消失地無影無蹤，在新事件的演變下，對於黃金的全新交易價值觀逐漸成形。在政治發展上，由於走入後冷戰時期，當時的金融市場呈現欣欣向榮的繁盛狀態。再者，80年代的經濟成長，因此有相當高的資金陸續投入黃金開採的行列，使得90年代黃

金供給的狀況表現十分亮眼。通貨膨脹、油價也在相對較低的水準，而整體利率卻維持在難得一見的高水準，顯示整個金融市場的資金流動量相當熱絡。也因為，整體經濟與金融的蓬勃發展，資金都流向了金融市場，相對來說，也壓制了黃金交易成長的可能性，因此難以建構足以支撐國際金價上漲的力量與動能。

90年代雖然經歷了1989年底的東歐掙脫鐵幕、1990年8月的波斯灣戰爭，1990年後的蘇聯解體，國際金價的表現並不如預期地大幅上漲，因此投資人開始對黃金等於「亂世英雄」的角色喪失信心。而低通膨、低油價、強勢美元與高利率的經濟表現，也逐漸扼殺黃金的存在價值。加上當時各國的中央銀行，對於黃金採行釋出存量的政策，使得當時市場黃金供給量更是攀上高點。令人意外的是，連全世界產金量高居前三名的澳洲政府，也高舉「準備資產多元化」的旗幟，出面帶頭拋售黃金，打壓黃金市場的行情，此舉似乎顯示當時諸多政府、中央銀行都認為黃金已然不具支撐發行貨幣的準備價值了，轉向完全信用準備制的政策方向。

不過，有個例子是值得關注的。當時，對外拋售黃金的組織不只有各國的中央銀行，甚至連國際貨幣基金（IMF）都希望釋出約400至500噸的黃金。原因在於，援助第三國家的資金不足情況下，基於資產性需求的考量，IMF當時也考

慮出售手中持有的黃金。但是，IMF內部理事國認為，目前
該組織仍然肩負著穩定全球貨幣價值的重責大任，也堅持黃
金仍具有顯著貨幣性質。因此，1997至2006年間，多次否決
該項議案。從IMF這個案例可以瞭解到，「雖然許多先進國
家的中央銀行，相繼拋售手中持有的黃金準備，但內部仍主
張黃金是存在著貨幣性價值的。」

21世紀：
新興經濟體的崛起帶動了國際金價的上揚

　　隨著歷史的列車來到現今的21世紀，這是個嶄新的紀
元，所有90年代的特色全都消失了。就國際政經發展的層面
來說，此時的經濟發展與70年代有相當大的區別。70年代象
徵傳統商業金融的光輝歲月，主力著重於歐美各經濟強國；
但是，目前的經濟發展區塊指標，竟然不約而同指向新興國
家或開發中國家。70年代的歐美各國，如今就像日薄西山
的老年人一般，經濟呈現衰退現象，失業率也居高不下；而
新興國家的經濟表現，就如同剛學步的孩童般，精力旺盛。
或許會在走路的過程中不慎跌倒，但爬起來的速度，或療傷
癒癒的速度也會比現今歐美各國快速許多。還記得21世紀伊
始，美國股市在1999到2001年形成了一個大頭部，扭轉了20
年的上升趨勢開始走低，利率也進入低點，強勢美元政策也

漸漸改變。同時，美國911事件發生後，結束了後冷戰時期的國際政治格局，區域政經不安成為此時常見的政治問題。美國在後冷戰時期之後，面臨各國挑戰其政治、經濟等方面的龍頭地位，明顯地，目前還沒有其他國家能順利取代美國的全球領導地位，造成現今國際勢力的分布呈現高度不平衡、區塊經濟與地緣政治成為熱門話題。

　　油價的走高、通貨膨脹的惡夢似乎又再度出現，再加上新興國家的經濟逐漸起飛，這些國家的中央銀行為避免重蹈過往高度通貨膨脹，甚至是惡性通貨膨脹（hyperinflation）痛苦的經驗，且鑑於美元幣值的不穩定，逐漸開始注意到貨幣準備組合的問題，各國也開始思考增加黃金準備的需要性，至此黃金的貨幣性功能因而逐漸抬頭。

黃金的傳統價值重新抬頭

　　新興國家的人數眾多，人民對於黃金的投資概念，尚停留在「避險天堂」與「亂世英雄」的角色中。不僅如此，由於新興國家曾走過不堪的經濟蕭條或不振時期，因此黃金對該國而言，不單單只是貨幣準備金的功能，同時也是極為重要的國家資產。近來，常常聽到許多的新興國家，因為國民財富的增加與經濟發展的需要，正積極在國際市場上買進黃

金的消息。如此一來，便加速黃金的需求，但是黃金的供給面卻日益緊縮。在新興國家逐漸崛起的同時，過去影響國際金價的傳統價值重新浮現，也帶來國際金價的大幅揚升。

1999年9月7日，歐洲的十五個中央銀行總裁曾表示，黃金仍具有貨幣價值的相關談話，在當時曾被認為僅是一種粉飾太平的官樣文章。但是，就事實看來，似乎並非如此。世界上幾個後起的經濟強國開始大舉買進黃金，各國中央銀行紛紛開始重視黃金的價值，特別是新興國家或開發中國家。他們國內的經濟發展正走過動盪不安的年代，中央銀行也認為應該提高國內黃金準備量，作為國家資產的保障，因此傳統黃金的貨幣性、資產性的投資概念再度出現，過去的傳統價值，如「避險天堂」與「亂世英雄」的角色又再度為人所傳頌，成為投資黃金的主要考量因素之一。

金融海嘯的發生，又更強化了這些觀念與需求，原本不斷出售黃金儲備的西歐等國家開始重新思考這種做法是否適當，拋售黃金的數量從2007年開始明顯減少，但市場很確定一些新興國家的政府及主權基金開始在增加黃金的配置。許多投資法人，如退休基金等，也調高黃金所占的比例。私人銀行客戶與廣大的投資人也漸漸將黃金納入資產配置的一部分。無論是為了獲利或是因應經濟與金融體系的劇烈變動，黃金的防禦及投資性需求正在快速成長之中。

　　90年代，當黃金交易陷入空前低潮的時候，有許多投資人都勸我應該立即停止對於黃金的研究，甚至有人勸我，「黃金已經沒有價值了，不要再投資了……！改研究股票吧！」可見黃金在當時是多麼不受歡迎。但是，最近又有些客戶來找我，講的話竟然與我20年前剛入行時所聽到的話一模一樣：「我告訴你，黃金為什麼會漲……」、「油價要漲了，黃金一定會漲……」，還有「你知道黃金為什麼漲嗎？因為可能要發生戰爭了……」、「因為股市表現不佳、經濟不穩定，所以黃金肯定是強勢……」。這些現象都可以看出傳統價值已經開始抬頭了。而且這並非僅是台灣特有的案例，其實在世界各主要國家的黃金投資報告中，類似的事例都有逐漸增多的態勢。

投資黃金的理由

誠如上述的分析，投資黃金似乎不如我們想像中的穩定。那為何我們一定要投資黃金呢？

第一，作為資產配置。我們只將手中部分的現有資產用來購買黃金，如果經濟允許的話，資產中約一成的比例可以放在黃金這個部位。

第二，防禦性與策略性的需求。由於目前經濟或政局的不穩

定，買進黃金得以因應政經局勢丕變所帶來的影響，
通常是以避險或保值為主。

第三，可對抗通貨膨脹。國際上有許多投資人買進黃金，是
為了對抗通貨膨脹。由於當前某些國際原物料因為供
需失衡，價格屬於上漲的局面，但是投資人卻是被動
的，不知道這一波的漲幅何時才會停止。至於，如果
發生通貨緊縮，雖然會使得黃金的消費性與工業性需
求減弱，但通貨緊縮背後的經濟與金融問題，反而會
使得黃金的防禦性與策略性需求大增。

第四，可以金融投資面來說，即是當看到金價將漲，為了投
資獲利而購買黃金。

除了上述的投資面考量外，購買黃金也有裝飾性的功
能。在這裡，我想給投資人一個小觀念，那就是當你在買金
飾時，就別去想投資面的事情。千萬不要想著，現在出手買
金飾，將來一定會大賺一筆，最好還是把黃金投資與一般消
費切開來看會比較合適。舉例來說，某甲現在買了一只金戒
子，期待將來黃價會大漲，如是的觀念建議投資人要修正，
因為購買金飾可以當作是個人資產的一部分，即使未來真的
發生戰亂，仍舊可以把當初購買的金飾變現，但這是屬於附
加價值，絕對不是現在投資的好方法或好策略。

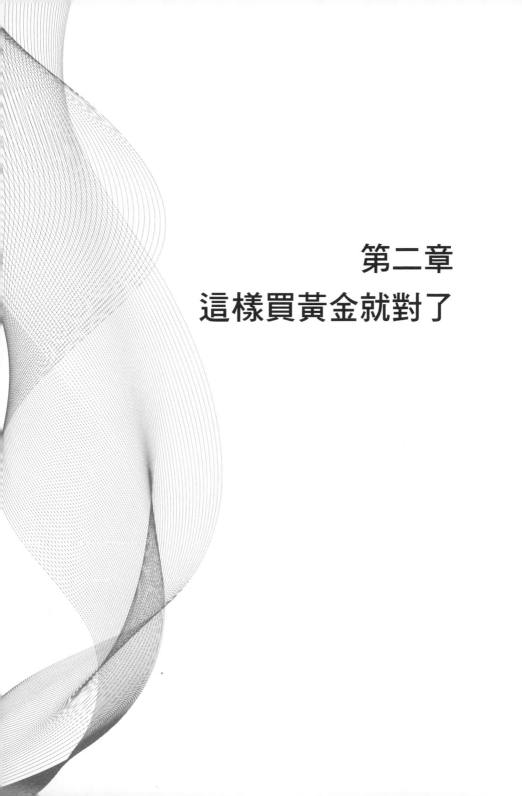

第二章

這樣買黃金就對了

　　隨著次貸風暴與全球金融海嘯越演越烈，股市、房市、原油、原物料乃至全球利率都不斷下跌，經濟前景混沌不明，投資人受傷慘重，紛紛尋求亂世中的保障，這時，黃金這項最古老的貴重商品，受到投資人的青睞，成為避險與保值的最愛。

　　在這一波風潮下，全球現貨黃金需求快速增加，在歐美，小規格的黃金條塊與金幣賣到斷貨，許多黃金精鍊廠與鑄幣廠都採取限量、限規格供應的政策，因為產能全開也無法滿足市場的需求。台灣投資人很幸福的有黃金存摺等適合大眾的現貨黃金商品，不必急著搶購小規格黃金商品，所以，臺灣銀行黃金存摺的開戶數不到一年半增加近五倍，交易量也倍數增長，黃金投資人暴增，年齡層也明顯下降，許多人都是第一次買黃金，所以最常被問到的就是，黃金到底怎麼買？怎麼賣？又怎麼計算損益？

　　國內的黃金商品，從傳統的飾金、黃金條塊、金幣，到將現貨紙上化的黃金存摺、黃金撲滿，還有非現貨的黃金帳戶、黃金基金，乃至屬於衍生性商品的黃金期貨、選擇權、組合式商品等，可謂琳瑯滿目且選擇豐富。有關黃金商品的內容，在後續文章中還會有詳細的介紹，但究竟要怎麼買賣才有利呢？這是很多人關心的問題。這裡就以多數人感興趣的黃金存摺、黃金撲滿等來說明。

黃金存摺

　　黃金存摺是目前國內最夯的黃金商品之一，這些年來黃金價格直直漲，加上金融風暴的衝擊，有關黃金存摺到底如何買賣、怎麼操作的詢問相當熱門。黃金存摺主要是透過銀行來買賣，目前國內有臺灣銀行及兆豐銀行提供黃金存摺的服務，至於買賣的管道則可以透過臨櫃、電話及網路。其中兆豐銀行並不提供電話交易，臺灣銀行目前則只有22家分行的原有客戶有電話交易的服務，這是因為網路交易已經成為很多人的最愛，鮮少使用網路的長輩們則偏愛人與人之間互動的臨櫃服務。

　　黃金存摺是以1公克為基本交易單位，以新台幣計價，現在還屬於新台幣1,000元有找的黃金商品，可說是全世界交易門檻最低的黃金商品，大多數的投資人應該都可以輕鬆入門。至於買賣的時間是一般銀行營業日的上午9:00到下午3:30，臺灣銀行的網路銀行則通常還會提早約20分鐘左右開放，對於一般上班族多了一些便利。由於臺灣銀行的黃金交易室在營業日幾乎是全天候交易，交易員隨時都在看盤與操作，所以未來還有更進一步延長黃金存摺交易時間以及許多擴充與延伸服務的計畫，預計將黃金存摺打造成獨步全球的黃金商品，值得投資人密切期待與注意。

　　黃金存摺有單筆買賣及定期投資兩種主要的方式。

1.單筆買賣

　　黃金存摺的單筆買賣是由存戶自己依照每天的銀行的掛牌價格來決定買賣的時點，舉例來說，朱小姐在2008年9月雷曼事件發生後，感覺非常擔心，希望購買一些黃金，當作避險性的配置；另一方面，她也認為在市場動盪的時候，金價通常會有比較好的表現，可以彌補她在股市投資的虧損。於是在9月12日以臺灣銀行的賣出牌價每公克新台幣786元買進了500公克的黃金，成本是393,000元，其後金價果然一路上漲，在10月8日到達了一個波段的高點，臺灣銀行的買進牌價是936元，如果她在這個時候賣出，每公克獲利150元（936元－786元），總計獲利為75,000元（500×150元），不到一個月就有19%的獲利率。

　　當然，朱小姐也可能要長期持有黃金，所以並不希望賣出，沒想到黃金因為避險基金與市場投機者的帶頭獲利了結，竟然開始下跌，結果又在不到一個月的時間內，於10月24日臺灣銀行的買入牌價跌到758元，如果朱小姐在這個時候因為驚慌，改變了長期持有的初衷而立刻殺出，每公克反而發生28元（786元－758元）的損失，總損失達14,000元（500公克×28元），虧損率是3.56%。

　　但她如果沉得住氣，金價其實很快的又反轉上升，12月31日封關時，黃金存摺每公克的買入價格再度回到了912元，

12月29日還高達938元，比10月8日還要多了2元。

貼心小叮嚀

單筆的損益計算

　　朱小姐這個例子是比較單純的單筆買進與賣出，損益的計算也很簡單，但也是詢問度很高的話題。所以，我們特別將損益的計算方式列出來：

9/12日買進：

　　NT$786 X 500公克＝NT$393,000

　　假設10/8賣出：

　　賣出價款：NT$936 X 500公克＝NT$468,000

　　總計獲利：NT$468,000－NT$393,000＝ NT$75,000

　　期間獲利率：NT$75,000÷NT$393,000＝19％

　　如果在10月24日、12月29日或12月31日賣出，也可用相同的方式來計算。

　　除了純粹單筆的買賣之外，實務上最常見的就是在價格的低檔或價格開始上漲時分批買進，而在價格到了相對較高的時候分批賣出，許多投資朋友常常問到，經常在媒體上看到或聽到「逢低分批佈局（或加碼）」、「逢高分批獲利了結」是什麼意思？大致上，就是這種策略，這也是一種較為穩健的操作方式，可以平均買進成本，雖然獲利也可能被稀釋一部分，但可以避免因為判斷失誤，而在一次大買、大

賣之下，造成較大的損失。這種分批買進及賣出的損益計算較為繁複，而且有所謂先進先出法、後進先出法、簡單平均法、加權移動平均法等不同的計算方式，底下舉一個簡單的例子讓大家參考，為了方便起見，所有的價格都用整數，有興趣的人可以再自行深入研究。

假設朱小姐先後買賣了四筆黃金存摺（金額為新台幣，數量及存摺餘額之單位為每公克）：

第一次購買600公克。

　　臺灣銀行黃金存摺每公克賣出價：$800元

　　存摺餘額：600

　　買進成本：$800× 600＝$480,000

　　累計投資金額：$480,000

　　平均成本：$480,000÷600＝$800

　　賣出價差：$0

　　賣出損益：$0

　　損益率：0

第二次賣出400公克。

　　臺灣銀行黃金存摺每公克買進價$750元，賣出價$760

　　存摺餘額：200（600－400）

　　賣出成本：$800×400＝$320,000

　　累計投資金額：$480,000－$320,000＝$160,000

　　平均成本：$800

賣出價差：$750－$800＝$-50

賣出損益：$-50×400＝$-20000

損率：（$-20000÷$320,000）×100％＝-6.25 ％

庫存損益：（$750 －$800）×200＝ $-10,000

第三次買進300公克。

臺灣銀行黃金存摺每公克賣出價$820，買進價 $810元

存摺餘額：500（200＋300）

買進成本：$820×300＝$246,000

累計投資金額：$160,000＋$246,000 ＝ $406,000

平均成本：$406,000÷500 ＝ $812

賣出價差：$0

賣出損益：$0

損益率：0％

庫存損益：（$810－$812）×500＝$-1,000

第四次賣出400公克。

臺灣銀行黃金存摺每公克買進價$850元，賣出價 $860

存摺餘額：100（500－400）

賣出成本：$812×400＝$324,800

累計投資金額：$406,000－$324,800＝$81,200

平均成本：$812

賣出價差：$ 850 - $812＝$38

賣出損益：$ 38×400＝$15200

損益率：（$15,200÷$324,800 ）×100％＝4.68 ％

庫存損益：（$850－$812）×100＝$3800

2.定期投資

除了單筆買賣之外，許多投資人可能工作忙碌，根本沒有時間注意著牌價的變動；也有些投資人是採中長期慢慢的累積黃金，不想花腦筋判斷行情；更有些人只是想以較為平均的成本持有黃金，當作資產配置的一部分，不想在市場上進進出出，這時候定期投資的方式就是很好的選擇。大家經常聽到的是定期定額投資，因為這是最簡便的方式，就是在每個月所選定的買進日，委託銀行由自己的新台幣活期性存款帳戶扣下一筆錢，依照當天的黃金存摺牌價買進黃金。

目前一個月可以和銀行約定每月的6、16或26日中的1到3天，由銀行自約定的本人新台幣活期性存款帳戶中扣下約定的金額，按照當天第一次的黃金存摺牌價購買黃金。至於約定的扣款金額，目前每次的基本金額是新台幣3,000元，可以1,000元為單位增加，此外，每次扣款時銀行要扣收一筆作業處理費用，如果當時是在臨櫃申請定期投資，則每次扣款時的作業處理費是新台幣100元，若是透過網路銀行申請，則可以打5折，每次只要50元，所以網路銀行應該是較為理想的作業方式，更何況如果未來要申請任何投資事項的變更或異動，網路銀行也幾乎都是免手續費。但是要提醒的是，如果當月份因為新台幣帳戶的餘額不足，導致扣款失敗，銀行可是要收取100元的違約金，且連續三次扣款失敗，就會終止定

期投資的委託了。提醒投資人，銀行系統是在扣款日當天凌晨就會執行，這樣才能夠順利用早上的第一盤牌價買進黃金。所以千萬要記得最遲在扣款日的前一個營業日下午3:30以前，將扣款金額存入指定的新台幣帳戶中，才不會造成扣款失敗。

　　如果朱小姐除了以上的單筆買賣之外，也想要以定期定額的方式，每個月慢慢累積一筆黃金的話，假設她是由2007年美國次貸事件發生之後，由9月份開始，選擇在每個月初領到薪水之後，在6日扣款5,000元買進黃金，那麼她購買黃金的狀況可以用下面這兩張表格與圖形來表示：

扣款日期	買進金額	第一盤賣出牌價	買進公克數
2007/9/6	5,000	730	6.85
2007/10/8	5,000	784	6.38
2007/11/6	5,000	846	5.91
2007/12/6	5,000	833	6.00
2008/1/7	5,000	905	5.52
2008/2/12	5,000	956	5.23
2008/3/6	5,000	983	5.09
2008/4/7	5,000	902	5.54
2008/5/6	5,000	862	5.80
2008/6/6	5,000	866	5.77
2008/7/7	5,000	915	5.46
2008/8/6	5,000	880	5.68
2008/9/8	5,000	841	5.95
2008/10/6	5,000	870	5.75
2008/11/6	5,000	790	6.33
2008/12/8	5,000	831	6.02
小　計	80,000		93.28

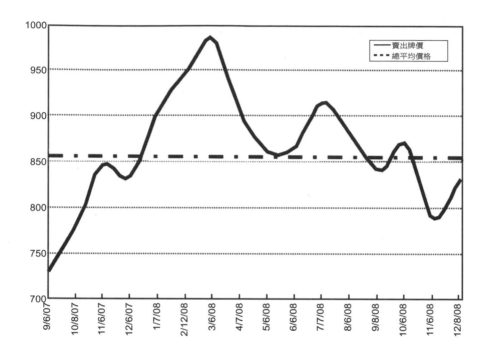

　　由表格上可以清楚的看出每個月的扣款金額、每公克買
進的價格與買進的公克數，圖形則是顯示出來每個月的賣出
牌價是不斷變動的，但到了2008年12月時，期間的金價雖然
起伏不定，但朱小姐所買進的93.28公克黃金，平均成本大約
是中間一條較粗的虛線表示的每公克新台幣857.63元，的確
是發揮了平均買進成本的效果。若是朱小姐以2008年12月31
日臺灣銀行的買進價格912元賣出，每公克還有約54.37元的
獲利，獲利率約是6.3％。當然，有人會說，這還不如在2007

年9月6日一次就買進93公克，收益就大得多了。話雖然說得不錯，不過單筆買賣需要自己判斷價格的變化，不見得每次都能夠獲利，定期投資雖然也無法保證收益，但著眼於以長期平均成本買入，分散風險，並非以短期最大獲利為考量。其實，若是能將單筆買賣與定期定額兩者結合起來，做成一個長期與短期的交叉運用，應該會是相當不錯的方式。

　　在朱小姐的定期定額投資表格中，許多人會發現扣款日期並非都是每個月的6日，這是因為當遇到例假日或國定假日時，會順延到下一個銀行營業日才扣款。至於所買進的公克數，是以扣款金額除以當天第一盤的黃金存摺賣出牌價後，以四捨五入方式計算到公克以下小數第二位，但在回售的時候，除非是要將餘額全數賣完，一般的賣出時，還是以公克為單位。

　　至於定期投資的買賣損益的計算，通常在第一次賣出的時候，可以用總平均成本與賣出的價格來計算，就好像單筆買賣一樣，但第二次以後賣出，因為其間可能又有幾次的扣款買進，平均成本又會變動，需要重新計算總平均成本，這樣會比較單純，基本的原理和前節所介紹的應該都是大同小異，可以參考一下。

貼心小叮嚀

何為牌價？

　　實務上經常有投資朋友詢問黃金的牌價是如何訂定？為什麼和國際金價不是每分每秒都完全同步？到底是參考倫敦還是紐約市場的金價？

　　國際黃金價格最常看到有現貨和期貨兩種價格，當然在交易上還有遠期、選擇權等價格，但這對一般大眾來說，需求較小。國內黃金條塊、金幣、黃金存摺等訂價時主要參考的是國際現貨金價，但所謂國際現貨金價，用白話來說就是國際黃金交易商之間的批發性且無現貨交割的報價，而且是基於報價或交割地點的立場來報價，其背後要求的交易量、黃金規格、成色、交割方式與地點都有一定的規範，並非一般大眾所能適用。而當我們在國內買賣黃金條塊、金幣、黃金存摺時，已經是在國內交割的現貨零售價格，與國際現貨金價之間會增加了許多精鍊、處理、運輸、倉儲、保險、人工、作業等成本，所以直接用國際現貨金價換算國內金價自然會有相當的差距，而且這個差距是當黃金商品的規格越小、產品越繁複（如金幣比條塊複雜些），單位成本就會越高，反映在價格上，就是單位價格較高及買賣價差較大，同時對於國際金價波動反應的敏感度就較低。此外，匯率的變動也會影響到國內黃金價格的變動，如果國際金價不變，通常新台幣貶值會使國內金價上漲；

反之，新台幣如果升值，就會使國內金價下跌，不過，一旦國際金價也變動，方向就更為複雜。所以，國內不同黃金商品的價格，基本上雖然是與國際金價變動方向一致，但不可能隨時都同步。

　　至於所參考的市場更是有趣，許多人經常堅持臺灣的黃金牌價要與倫敦或是紐約的金價同步。事實上，國際黃金市場是一個24小時不斷交易的市場，且大多不是在集中交易市場報價，而是在所謂的店頭市場。因此，在臺灣市場訂定黃金牌價時，從雪梨、東京、香港、新加坡、印度、中東、蘇黎世等也都陸續的進入市場報價。所以，參考的訂價是根據，當時整個在報價交易的國際市場的成交狀況及在台灣的外匯市場的匯率變動來訂定。至於倫敦或紐約，當時早就進入夢鄉或是下班休息了。

買進與賣出價格

　　許多投資人在看銀行的牌價表時，經常將買進與賣出的方向弄混了，其實銀行牌價上的買進與賣出是由銀行的角度來看，所謂的「賣出」價格，是銀行賣給客戶的牌價，換個角度，也就是投資人買進的價格；反過來說，銀行的「買進」或「買入」價格，就是銀行向客戶買進來的牌價，也就是客戶回售或賣出價格。

黃金撲滿

　　在金融風暴發生後，金融市場與大多數的金融商品行情波動加劇，行情的判斷非常困難，許多人雖然想將黃金加入資產配置之中，但價格的震盪使人難以決定進場時機，為了使想要中長期持有黃金的投資人能夠有一個平均買入成本、分散風險的持有黃金方式，推出了「黃金撲滿」服務。黃金撲滿，顧名思義就像用撲滿存錢一樣，每天都買進一點黃金，慢慢的累積。基本的做法是在每個月初第一個營業日自存戶的新台幣帳戶扣下約定當月要買進黃金的款項，平均分配在當月每一個營業日，用每個營業日第一盤黃金存摺的賣出價格買進黃金，而後在月底一次轉入存戶指定的黃金存摺之中。簡單的說，就是「月初扣款、每日買進、月底入帳」。

　　如果朱小姐除了單筆買進黃金存摺當作波段性投資之外，也想要長期以平均成本慢慢累積黃金，那麼「黃金撲滿」應該比定期定額投資還要理想，所以，設定每個月以新台幣5,000元來平均買進黃金，用97年12月份的黃金撲滿為例，她購買黃金的情形如下表：

　　由表中可以發現，12月份共有23個銀行營業日，所以每天平均購買黃金的金額應該約是217.3913元，為了購買上的便利，計算到元以下四捨五入，因此是217元，但投資人不

營業日	每日買進金額	賣出牌價	每日買進數量
2008/12/1	217	877	0.2474
2008/12/2	217	839	0.2586
2008/12/3	217	840	0.2583
2008/12/4	217	842	0.2577
2008/12/5	217	837	0.2593
2008/12/8	217	831	0.2611
2008/12/9	217	841	0.2580
2008/12/10	217	845	0.2568
2008/12/11	217	870	0.2494
2008/12/12	217	877	0.2474
2008/12/15	217	888	0.2444
2008/12/16	217	894	0.2427
2008/12/17	217	907	0.2393
2008/12/18	217	910	0.2385
2008/12/19	217	893	0.2430
2008/12/22	217	890	0.2438
2008/12/23	217	896	0.2422
2008/12/24	217	898	0.2416
2008/12/25	217	899	0.2414
2008/12/26	217	901	0.2408
2008/12/29	217	945	0.2296
2008/12/30	217	940	0.2309
2008/12/31	226	922	0.2451
合　計	5,000		5.6775

用擔心吃虧，因為最後一個營業日的買進金額則是當月份的總買進金額5,000元扣除之前已經買進的金額，因此，12月31日的買進金額是226元，合計還是5,000元。由於每天買進黃金的金額很少，每日購買的數量就計算到公克以下小數第四位，最後一個營業日則將所有的黃金數量轉入黃金存摺，數量餘額計算到公克以下小數第二位，都採四捨五入的方式計算，因此月底的實際入帳數量是5.68公克。當月買進的5.68公克黃金的每公克平均成本則約為880元，雖比12月1日的877元略高，但比起當月最高的第一盤價格945元或是月底的922

（單位：新台幣）

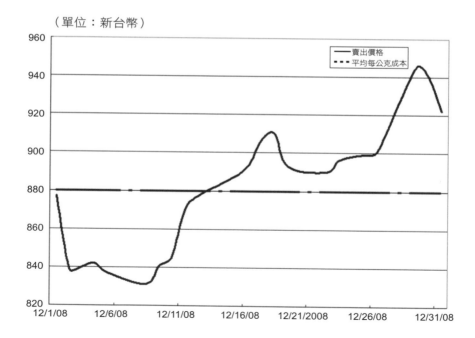

元都要低得多，也發揮了平均成本、分散風險的效果，對於
工作忙碌、不想多花腦筋、專業能力還不足的人來說，可能
要比每天花許多時間、精力來判斷進出場時機又要擔心煩惱
的，效果還更好。上頁圖形表現出每天買進的價格與平均成
本的效果。

　　朱小姐也做了一個兩年期黃金撲滿的試算，她假設在
2006年2月到2008年1月連續兩年，每個月以3,000元用黃金撲
滿買進黃金，那麼她的總買進金額是72,000元，總買進黃金
數量是103.39公克，平均每公克的買進成本是696.39元，這段
期間每個營業日買進黃金的價格與平均成本圖形如下：

（單位：新台幣）

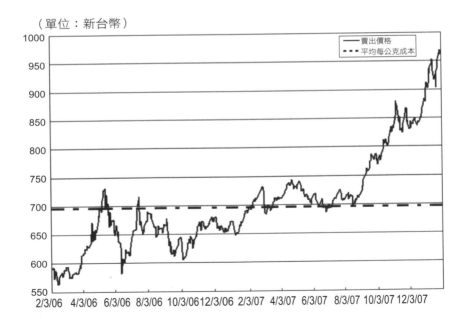

　　當投資期間拉長以後，平均成本的效果更加明顯，在這兩年的期間裡，金價大致是上漲的趨勢，但朱小姐的每公克平均買入價格降低了很多，如果朱小姐在2008年2月以後想要把黃金賣出，當年黃金存摺的買進牌價，最高是在3月17日的1,013元，最低則是在金融風暴後的一次大賣壓，10月24日的758元，但都比朱小姐的平均成本要高。當然，市場永遠是波動無常，黃金撲滿的做法是能夠盡量達到平均成本的目的，雖然也不是百分之百獲利的保證，不過已經將風險盡可能的分散了。

　　至於，黃金撲滿有關扣款金額存入及扣款的時點，以及黃金撲滿買進黃金後，如果要賣出時，損益的設算等議題，還是可以參考定期投資的扣款處理及前面曾經介紹過的計算方法。

黃金撲滿乖離率的運用

　　黃金撲滿主要是為了中長期以平均成本的方式來配置黃金的目的而設計，並不是要「買到最低點、賣到最高點」，也不是以短線進出獲利為目標，但是投資大眾總是希望能夠將成本再分攤得更低一些，在可能的限度內做到相對低買或高賣，也希望能有一個簡便的工具可以協助判斷。事實上，市場價格總是波動無常，即使是受過完整訓練且有經驗的分析與交易人員還是會有看走眼的時候，只不過訓練、經驗與

紀律使得專業人員獲利的機會較高，但還是無法保證會準確的掌握最低價及最高價。在許多場合都常被投資朋友問到，應該有一個簡易的方法能夠輕易的追蹤行情的波動吧！的確，這應該是所有投資人共同的夢想，但是天下沒有白吃的午餐，價格分析的工具相當多，卻沒有一個簡單的工具能夠確保掌握所有的行情，不過，因為黃金撲滿是屬於中長期的投資工具，並不以算計短期波動或最高、最低點為目的，因此，臺灣銀行在設計黃金撲滿時，就提供一個簡便的「乖離率」讓大家自由選擇，參考運用，試著讓買進成本能夠比長期平均成本再低一些。

「乖離率」簡單的說，就是現在的價格與過去一段時間平均價格之間偏離的程度的一種指標。舉例來說，2008年3月17日紐約現貨黃金最後報價是1002美元，而過去240個交易日的紐約現貨黃金最後報價的平均價格是762美元，因此，當時的現貨金價比240天的平均價格高了240美元，以比例來算是31.5%（($1002－$762)÷$762），我們就說當時價格的乖離率是31.5%。

乖離率與平均線的分析法有異曲同工之妙，如果以每天的紐約現貨黃金最後報價為基礎，把過去240天每天最後的平均價格都紀錄下來，連成一條線，就成了「240天簡單移動平均線；另一方面也因為是每天的價格連起來所成的線，因而

稱之為「日線」。在平均線的分析方法裡，當日線由平均線
的下方向上穿過平均線就是「黃金交叉」，代表價格有可能
會往上漲；反之，則稱為「死亡交叉」，未來價格下跌的可
能較高。而從一個長期的趨勢來看，日線不可能永遠高於或
低於平均線，當日線高於平均線太多，表示行情可能有些過
熱，將來回跌的可能性就很大，最好是不要再追高，或是應
該要先獲利；反過來看，如果日線低於平均線太多，那未來
上漲的機會可能會變大，可以考慮逢低加碼，至少不要再追
殺了。但隨著操作的目的不同，會選用不同期間的平均線，
甚至於用好幾條線一起分析，越是短線操作，用的平均線期
間就會越短，反之，就會越長。這個部分在本書的最後一章
還有一些分享，請大家參考。

　　從上面的說明可以發現，當乖離率很高的時候，表示
當時的價格高於過去的一段時間的平均價格很多，顯示市場
可能有超買或過熱的現象，應該要小心而為，因為價格修正
回跌的機率很大，可以考慮做減碼或者是獲利了結的動作；
反之，價格就可能跌的太多了，有反彈的機會，就可以考慮
加碼買進。如果依照這樣的一種機制來買進黃金，就長期而
言，比較有機會使買入的成本比平均價格更低一些，達到長
期分散風險的功能。

　　由於黃金撲滿是一個中長期的穩健型黃金累積計畫，所

以不適合用短期的平均價格來計算乖離率，這樣會使算出來的數值過於敏感，反而有短線操作的風險，因此，用過去5天及240天的平均價格來計算乖離率，這比較接近一般市場俗稱的週平均線與年平均線的概念，經過長期的觀察，這個指標對於黃金價格的長期趨勢有相當的參考價值。因此，黃金撲滿的乖離率計算方式如下：

（5日移動平均價格－240日移動平均價格）÷ 240日移動平均價格

　　乖離率是計算到小數的第二位四捨五入。下面就用圖表來說明乖離率的變化狀況。圖中的線條是每個交易日紐約現貨金價的最後參考報價，當紐約休市而倫敦有交易時，會採用倫敦的最後參考價格，而色塊就是以5日及240日平均價格計算出來的每個交易日的乖離率。

　　從下圖中可以發現，乖離率相對較高時，金價的確是在一個波段的高檔，並且很快就會有修正或拉回；而乖離率相對較低時，金價也在短時間內就會反彈或恢復上漲。但在實務運用上所遇到的挑戰是，乖離率的高或低有沒有一個標準。的確，技術分析許多時候顯示出來的都是相對性的數值，很難有絕對的標準可以依循，但金價長期的乖離狀況仍有某個範圍的軌跡可循，所以特別利用較長期間的圖形來說明。

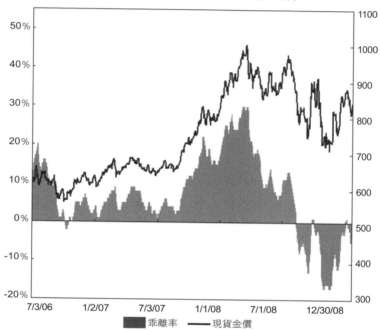

現貨金價與乖離率

（2006年7月3日至2009年1月16日）

乖離率　　━━　現貨金價

下頁這張圖包含了1996年到2001年初的大空頭市場、2001年到2005年金價多頭市場的初期、2005年底到2008年第一季的飆升期以及2008年第二季之後的大修正期間。長期而言，以現貨金價的5日平均值與240日平均值分析，乖離率大約都在15%至5%之間，高於15%的機會不多，通常在10%以上金價就開始進入了超漲區，價格回檔的風險加大；而接近

0%的時候，金價的跌幅就已經很高，逐漸接近底部，反彈的機會就會大增。

現貨金價及乖離率

（1996年1月2日至2009年1月16日）

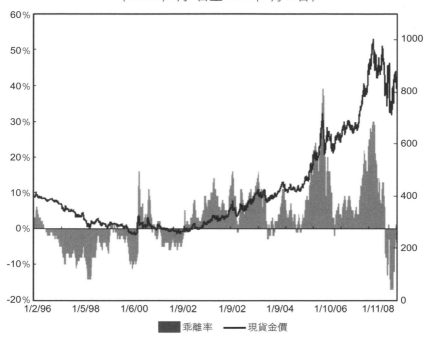

當然，一定有人會說，也曾經發生相當高或相當低的情況。的確，在1997至1998年初，乖離率相當的低，甚至於到-10%以下，但那正是大空頭行情中，市場最為恐慌的時候，

而在1999年及2001年當金價跌到歷史低點的時候，乖離率反而相對較高，顯示長期的底部型態已經開始成形，從事後諸葛來看，如果在那幾年用定期投資或是黃金撲滿的理念來買進黃金，其後的獲利率是相當高的，但當時大多數人對黃金根本棄之如敝屣。

相反的，2006年及2008年這兩年的上半年，乖離率則是出奇的高，達到30%，但2008年黃金創天價時乖離率竟然還比2006年時低，這種數值特別高又發生背離情況，也意味著一個比較大的反轉與修正，可是市場的反應卻是瘋狂的搶進。

相對來看，2008年第四季的乖離率，因為金融風暴的衝擊及避險基金與投機者的大賣，比起90年代後期的大空頭市場時還要低，顯示市場正處在一種相當不理性的狀態，根據前面的分析，過高或過低的乖離率終將修正，所以，這應該也是一個接近底部的訊號，只是根據過去的經驗，整個底部的形成還需要一段時間。不過，若以長期投資的角度來看，這時以定期投資或黃金撲滿的概念來慢慢累積黃金，可能會有機會在大低檔區發揮平均成本的效果。

這裡還是要嘮叨一下，黃金撲滿是以中長期配置黃金為基本理念，許多人希望能很快的在短期間獲利，那就要利用黃金存摺的單筆買賣方式來操作，乖離率也要使用相當短期

指標，但也要記得，短期指標的波動很大，經常會出現假訊號，所以在分析上的功力要更深一些。

　　以長期分析來看，可以發現乖離率有一個大概的波動範圍，過高或過低的情況並不多，而且通常就表示金價可能要有中長期趨勢的改變，要如何運用可能還取決於投資人本身的主觀看法與個性的保守或積極。如果穩健一些，參考本書中所分享的50、60哲學，也就是「去頭、去尾、只賺中間」，那麼就可能會更容易選擇所要適用的乖離率了。

　　黃金撲滿提供了上跟下各三層的乖離率設定選擇，也就是在乖離率相對較低的時候有三層加碼的機會，而乖離率相對較高的期間，也有三層可以減碼或暫停買進的選擇。乖離率的設定完全是自由選擇，投資人可以完全不使用乖離率，也可以只設定其中的一部分。

　　此外，由於黃金撲滿是在每個月的第一個營業日就扣下當月份要買進的款項，所以，是使用扣款月份前一個月倒數第二個營業日的乖離率，舉例來說，2009年1月5日的扣款是以2008年12月30日的乖離率為判斷數值。下頁上表是以2009年前6個月黃金撲滿買進所使用的乖離率判斷日為例，讓大家更容易了解。

買進月份	採用日期
2009年1月	2008/12/30
2009年2月	2009/1/22
2009年3月	2009/2/26
2009年4月	2009/3/30
2009年5月	2009/4/29
2009年6月	2009/5/26

　　因此，如果朱小姐也想要採用乖離率來發揮降低成本的效果，並且以每個月基本買進金額是5,000元來設定，她想了幾種組合的方式：

組合一

乖離率	≧30%	≧25%	≧20%	原始買進金額	≦5%	≦0%	≦-5%
買進金額	0	3,000	4,000	5,000	8,000	12,000	15,000

組合二

乖離率	≧20%	≧15%	≧10%	原始買進金額	≦5%	≦0%	≦-10%
買進金額	0	3,000	4,000	5,000	6,000	8,000	10,000

組合三

乖離率	不設定	≧15%	≧10%	原始買進金額	≦0%	≦-5%	不設定
買進金額	-	0	3,000	5,000	6,000	8,000	-

組合四

乖離率	不設定	不設定	≧10%	原始買進金額	不設定	不設定	不設定
買進金額	-	-	0	5,000	-	-	-

　　從上面四個組合可以看得出來，組合一是比較積極且願意承擔一些價格風險來換取長期報酬的做法。接著組合二、組合三及組合四就越來越保守，在乖離率高時，都有暫停扣款買進的想法，乖離率低的時候，加碼也比較審慎；而組合四則是幾乎不願意承擔任何風險，只在乖離率高時做暫停投資的設定，但完全不考慮在價格低檔時增加買進。當然，除了風險的考慮之外，也有個人可運用資金以及資產配置比例上的思考在內。

　　因此，乖離率的設定是相當個人化的行為，除了對於價格以及乖離率高低的主、客觀認知外，對於自己的財務狀況、資產配置以及理財的目標都必須要做通盤及審慎的考量，這樣才能夠做出較為適合的決策。

轉換金品、金品回售

　　黃金存摺中所持有的黃金，除了回售給銀行外，還可以轉換其他的黃金商品。目前臺灣銀行提供了11種規格的黃金商品可以在補繳貨款差額後轉換提領，對於資金有限，無法一次買進相當數量黃金，而想要採用慢慢小額累積黃金，然後再轉換為實際的黃金商品的人，相當合適；也有些人平時並沒有實際持有黃金的需要，只是先以黃金當作投資或是資產配置的一部分，但也希望在有需要時，可以取得黃金；乃至有些人是為了子女儲存未來結婚、創業需要的黃金或資金，都是在實務上可以看到的例子。所以，可以轉換的黃金商品的種類如果多一些，當然是較為方便。也有許多人問到，轉換黃金商品時需要補繳一部分款項的原因。下面的幾個表格是臺灣銀行2009年1月5日可以轉換的11種黃金商品最後一盤的牌價表，也列出所需要補繳款的金額，同時可以藉由這幾張表來研究不同規格黃金商品的單位成本與買賣價差的關係。

1.黃金條塊

（單位：新台幣）

	1公斤	500公克	250公克	100公克	5台兩	1台兩
賣出	937664	469296	234880	94266	176063	35510
換算為1公克	938	939	940	943	939	947
買賣價差(%)	1.56％	1.66％	1.76％	2.08％	1.70％	2.52％
買進 （限發貨單）	923008	461504	230752	92306	173068	34614
黃金存摺轉換 條塊應補繳款	4664	2796	1630	966	1135	523

2.幻彩條塊

（單位：新台幣）

	1 台兩	1 英兩	1 公克
賣出	35682	29655	1477
換算為1公克	952	954	1477
買賣價差（%）	1.96％	2.02％	10.16％
買進	34982	29055	1327
黃金存摺轉換 幻彩條塊應補繳款	695	639	544

3.鴻運金幣

（單位：新台幣）

	1 英兩	1/10 英兩
賣出	30601	3295
換算為1公克	984	1059
買賣價差（％）	1.96％	9.10％
買進	30001	2995
黃金存摺轉換 鴻運金幣應補繳款	1585	393

4.黃金存摺1公克

（單位：新台幣）

賣出	933
買賣價差（％）	1.08％
買進	923

在前文曾經提到現貨黃金商品的規格越小，單位成本就會越高，這是因為整個黃金從生產、精鍊、分割、處理、包裝、運輸、保險、人工作業等都有相當多的成本，小規格的成本當然會比大規格來得高。由表中就可以發現，在賣出牌價的下面一列，就是把賣出牌價直接除以重量的換算率，轉換為1公克的價格，可以看出來越小的規格1公克的價格越高，但當天最後一盤黃金存摺1公克的賣出牌價933元，卻是

所有的價格中最低的，比1公斤的黃金條塊的每公克938元還低，比1公克的幻彩條塊的1,477元更是低。

銀行管理成本回饋給黃金存摺存戶的另一項好處顯現在買賣價差上，理論上，規格越小的黃金賣出與買進價格間的差額也要越高，但從上面的表格中可以看出來，黃金存摺牌價的價差比例是最小的。所以，無論是從價格上或價差上，黃金存摺的定價都相當有效率，這也是很多國外黃金交易商嘖嘖稱奇的地方，照理說1公克的黃金存摺應該要非常貴、價差很大才是啊！

這是因為銀行採取集中保管的方式，同時透過交易機制來將一些成本控制與吸收下來。但是一旦投資人要將集中保管的黃金轉換成單獨一小塊的黃金或一枚的金幣時，銀行還是要適度的反應這些成本，這是將黃金存摺中的黃金餘額轉換為黃金條塊或金幣提領時需要補繳款的原因，也是國際黃金業的常規，銀行並非漫天開價，而且補繳款計算的方式是將所要轉換的條塊或金幣以當時的賣出價與黃金存摺賣出價相減後的差額即可，例如，當天1公斤的黃金條塊賣出價是937,664元，而1,000公克的黃金存摺是933,000元，兩者相減後是4,664元，就是需要補繳的款項。如果在西方國家做過這種轉換提領黃金的人應該會了解，臺灣的補繳款實在是相當便宜的。

經常有人會問到，到底一盎司是多少公克？一台兩和一盎司哪個比較大？等重量換算的疑問，所以在這裡特別將一些常見的黃金重量規格間的轉換列在下面的表格中，讓大家參考。

1公斤＝1,000公克	1英兩＝0.0311公斤	1公克＝0.0010公斤
32.1507英兩	31.1035公克	0.0322英兩
26.6667台兩	0.8294台兩	0.02667台兩
26.7173港兩	0.0310港兩	0.02672港兩
1港兩＝0.0374公斤	1台兩＝0.0375公斤	1公斤＝26.6667台兩
37.4290公克	37.5000公克	1/2公斤＝13.3333台兩
1.2034英兩	1.2057英兩	1/4公斤＝6.6667台兩
0.9981台兩	1.0019港兩	1/10公斤＝2.6667台兩

至於轉換的黃金提領之後，將來如果要變現應該怎麼處理呢？如果是向臺灣銀行轉換提領的黃金商品，當所提領的是幻彩條塊或是鴻運金幣時，只要保留原來補繳款的統一發票（或收據），同時不要破壞包裝與品相，就可以在臺灣銀行的營業時間內，依照當時的買進牌價回售給銀行。關於品相在後面的章節還會說明，簡單的說，就是要讓幻彩條塊或鴻運金幣完好，不要有撞擊、磨損、指紋、汗漬、水紋等，這一點的基本要求就是要保持包裝的完整，因為幻彩條塊的證書就是它的包裝，而鴻運金幣則是有塑膠護殼，盡量避免

拆開與撞擊等。因為一旦損壞，就只好送回精鍊廠或鑄幣廠重新熔化鍊鑄，也就是只能當原料處理，還要扣收相關的費用呢！

　　至於一般的條塊則銀行是不接受回售，這是因為銀行在買回黃金時，必須確定它的成色、重量是完全正確的，而要做到成色百分之百的確定，只有破壞性檢驗，不但成本高，等待時間長，而且這個條塊就不適合再銷售了，一般客戶通常不願意付出這樣的成本，所以銀行也就較難從事這項業務。所以一般的條塊在國內回售的管道通常是銀樓，銀樓大多憑著經驗與簡單的檢驗法，如試金石等來測試，若是不太確定時，會採用水秤法（即比重法）來確認，或是更進一步用火驗法，但這些方法並不能完全無誤的確認成色，也因此銀樓通常多會扣一些價金，當作保障。

長線搭配短線、適度停損與停利

　　從上面所舉的一些黃金買賣的例子，其實可以發現了幾個有趣的地方，也是很多人經常提出的疑問，就是黃金到底是要長期持有還是短線為宜，要不要停損或停利？

　　這個議題要從每個人持有黃金的目標以及對於金價趨勢的看法來討論。如果持有黃金的目的是為了防禦性及策略

性的原因，例如：俗語所說的避險、對抗通貨膨脹、保值、資產的處理等，這都是以長期持有較為適合，買賣的成本與收益可能就不是最重要的考量。但如果純粹是以獲利為考量來投資黃金的話，最好是以波段及較短期間的操作為宜，也就是要確實做好停損與停利。尤其當使用的黃金商品不是現貨，而是黃金期貨、選擇權等，就更要注意了。關於這種操作策略以及對於價格幅度一些簡易判斷的方式，在稍後的章節會有詳細的討論，可以好好的體會。

但金價的大趨勢變化還是會影響持有的目標。譬如有些人是以長期配置的方式持有黃金，並不打算短線炒作，但若是持有的黃金數量較多，而發現到金價似乎長期的趨勢改變，已經多年來上漲，未來幾年可能都會反轉而下跌，這時候還是應該適度將一些黃金獲利，留下必要比例的黃金即可。而如果金價是仍然看漲或是不會有太大的漲跌，那就不需要過度費心了。

其實，比較理想的做法是將不同目標與期間所需要持有的黃金做搭配。也就是所持有的黃金中，一部分是以保守穩健的方式長期持有，另外一部分可以比較積極靈活的波段進出。當以這種方式操作時，所選用的商品也需要注意挑選。通常防禦性、策略性為主的配置，建議盡量以現貨黃金商品，如黃金存摺、條塊、金幣等方式持有，操作的方式可以

用黃金撲滿、定期定額或是單筆分批買進與賣出較為妥適。
至於波段進出，可以用黃金存摺的單筆交易方式，積極又能
承受風險的人，還可以考慮黃金基金、黃金期貨、選擇權等
商品。下面的表格是依照一般銀行對客戶的類型的分類做概
略的黃金商品與操作策略的選擇。

類型	黃金商品	投資期間	操作方式	目標	風險
保守型	黃金存摺 黃金條塊 金幣	中長期持有	黃金撲滿 定期定額	防禦 避險 保值	低
穩健型	黃金存摺 黃金條塊 少量黃金基金	中長期持有搭配波段操作	黃金撲滿 定期定額 分批買賣	獲利搭配防禦	中
積極型	黃金存摺 黃金基金 黃金期貨 選擇權	波段及短線	單筆頻繁進出	獲利為主	高

　　上述可以當作初步的參考，在後面的章節還會對商品
屬性與資產配置有更多的研討，最重要的是，瞭解自己的需
求、個性、能力、時間等特質，選用適當的黃金商品來做成
一個黃金商品組合，才會是較佳的策略。

資產配置上的效果

根據國外許多長期的觀察，發現黃金在資產配置上有一些策略性的效果，這也是在國外的一些投資機構或投資人運用黃金的主要原因，並非一味以短期的獲利為考量。根據這些研究指出，黃金的防禦性及策略性功能主要有下列幾項：

1. 與主流資產及景氣循環的相關性低
2. 長期實證顯示對抗通膨效果顯著
3. 有效對抗美元弱勢
4. 波動度穩定且較績優股及其他商品低
5. 規避金融及地緣政治變動風險效果佳
6. 現階段長期展望能提供穩定的報酬
7. 流動性良好
8. 具有實質價值

相關性則是表示，當其他的金融資產、商品或是景氣變動時，金價相對變動的方向與幅度，長期觀察的結果發現，金價與股價呈現低度的正向與反向關係，也就是關係並不明確，與景氣變動則是輕微的正相關，但與這兩者間的關聯性並不太高，也因此有人將黃金當作是對抗股價與景氣波動的策略性資產。而金價與商品價格、通貨膨脹等的同方向關係

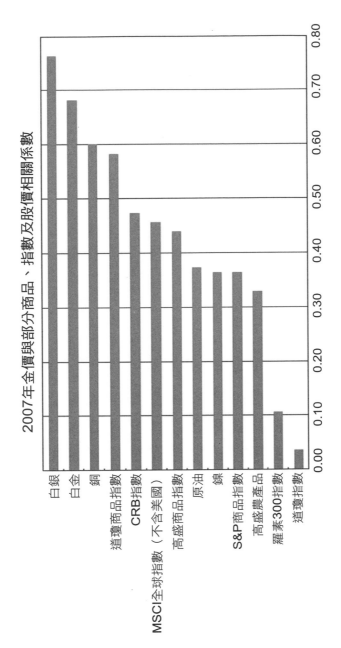

2007年金價與部分商品、指數及股價相關係數

資料來源：世界黃金協會

就比較明確，所以會被當作一種防禦性的工具。

　　至於波動的部分則是相當有趣，經常聽到許多人提起黃金的波動實在很劇烈，操作相當的困難，風險又高。其實，波動度除了從媒體上得到的感覺外，要以實際的數據為依據。因為媒體經常是在行情有波動時才報導，所以會給人金價波動極大的感覺，事實上，金價的波動度在所有的商品中應該是最低的，相較於股價則更為平穩。研究指出，長期而言，金價的波動度大約與國際上成熟市場的績優股價格相當。下頁的圖表就顯示出金價的波動度在所有商品中是很低的，因此如果要選擇商品來對抗通膨、景氣循環、股市變化等，雖然許多商品都有些效果，但金價的波動較為平穩，受到景氣的衝擊也較小，在通貨緊縮時也較不會受傷，所以會被當作是一種策略性配置。

　　至於許多人最關心的還是報酬表現。當然，只要離開了存款就要有面對風險的心理準備，但因為黃金的許多特性，它除了被當作防禦性與策略性的工具之外，就目前許多機構的分析，長期的趨勢還是看好，只不過在2009年會有較大的震盪整理與修正築底，這在後面的章節還有討論。這裡列出了從2004至2008年間許多不同投資工具的報酬率，可以發現現金存款與政府公債當然很安全，但相對的報酬率很低；至於美國不動產、全球股價指數及整體商品的表現，因為金融

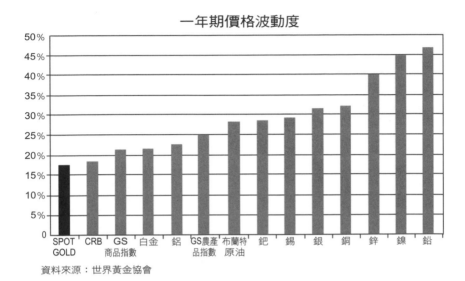

一年期價格波動度

資料來源：世界黃金協會

風暴後的巨大衝擊，都有虧損的狀況。其他的投資獲利各有不同，黃金則排名第二，僅次與拉丁美洲股市，但回過頭來想想看，投資在拉丁美洲的股市所承擔的波動與風險，可能要比黃金大得多了。因此，還是要呼籲投資人，根據自己的需求與生涯發展目標，適當的做好資產配置，才是比較妥適的做法。

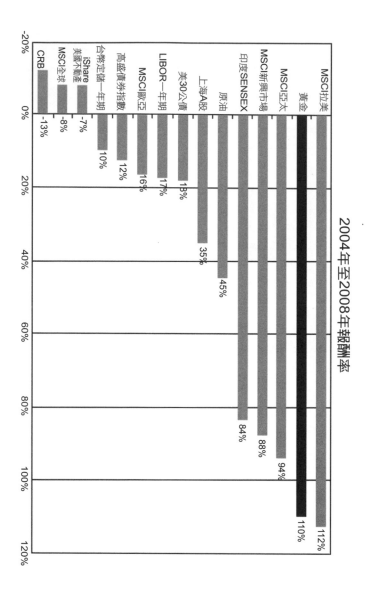

2004年至2008年報酬率

項目	報酬率
MSCI拉美	112%
黃金	110%
MSCI亞太	94%
MSCI新興市場	88%
印度SENSEX	84%
原油	45%
上海A股	35%
美30公債	18%
LIBOR一年期	17%
MSCI歐亞	16%
高盛債券指數	12%
台幣定儲一年期	10%
iShare美國不動產	-7%
MSCI全球	-8%
CRB	-13%

第三章
解讀財經資訊

　　解讀財經資訊的重要性，不僅僅是針對投資黃金，對於所有金融產品而言，也極為重要。

　　到底投資人每天都看些什麼資訊呢？根據長期的觀察後發現，一般投資大眾所提出的相關疑問，大多圍繞在最高價、最低價，何時買、何時賣等議題，這些議題雖然看起來很實際，但卻可能反映出對於市場的不瞭解，或是不想自己做功課的心態。那麼，到底投資人看完報章雜誌的報導後，都吸收了些什麼資訊？又是用什麼樣的角度來解讀財經資訊？

　　我個人長期以來的習慣，閱報時會先從國內外政經大事出發，也就是先蒐集與基本面、大環境有關的資訊，這些訊息經常是影響投資市場乃至整個行情的重要因素。也因為個人的職業背景，我會繼續閱讀商業理財相關版面，來瞭解當時的金融市場情形和最近市場的主要想法。尤其是金融市場有個特點，就是行情經常並非反映已經發生的過去，而是在反映尚未發生的未來。換句話說，金融行情反映多數人對於未來的預期，也可以說是個「夢」。金融市場是變化無常的，有些大戶固然可以影響盤勢於一時，但是絕無法操控於永遠。有些投資人一直無法賺到錢，也就是沒有把「夢」做對方向。自古以來，如何「解夢」便是一件相當困難的事，但對一般投資人而言，「解夢」仍是一件需要努力的功課。

　　例如，自2001年來，國際金價一直處於上漲局面，但

是大多數的台灣投資人是在2003年才真正注意到黃金；換言之，即是國際金價持續上漲的第3年開始，台灣投資人才恍若大夢初醒般地意識到金價開始動了。而台灣投資人瘋狂搶進黃金的高峰期，約是在2005年第四季之後了，這已是國際金價持續上漲的第5個年頭。當時，有很多投資人都指責我，「黃金都漲了5年了，你為什麼都不說！」甚至還有同事說：「大家都這麼熟了，明牌也不報一下，黃金漲5年，怎不早點跟我說一聲！」但也有人是太早賣出，「唉！我聽你的分析後，在360美元開始買，但不到450美元就賣掉了，現在看它越來越高，根本不敢再買！」面對這種指責或懊惱，我只能無言以對。早在2000年國際金價開始上漲之前，我已在各大媒體提過一個投資必勝的理論，即是：國際金價低於270美元以下，閉著眼睛都可以買。但是，過去幾年，就算我常常在報章雜誌的財經報導中，提到黃金的長期多頭趨勢已經來臨，曝光率已經算相當高的情形下，投資大眾依舊沒有注意到或是感到懷疑，實在令人扼腕。

　　同樣的，在2007年美國次貸事件之後，由於金融市場表現不佳，許多資金開始關心黃金，但並非在事件一發生的8、9月，而是已經漲了快要3成時的10月下旬以後，結果11月上、中旬的一波修正，又讓很多人衝動的認賠殺出。沒想到11月下旬到隔年3月竟然又漲了三成，還創下了歷史天價。當

然這第二波行情的前半段還好，但因為高價對於基本面需求的抑制效果，大概12月開始行情已經遠超過基本面所能支撐的範圍，但在市場恐慌心理造成資金的湧入與投機者投波助瀾下，金價還是一路飆漲，許多人又是在2月才搶進，如果沒有適時獲利了結，恐怕又要住套房了。而其後金價的修正，除了本身已經累積了80％以上的波段漲幅，必須要修正之外，其後美元的反轉、金融風暴的肆虐及市場對全球經濟的悲觀等，又造成複雜的影響，使修正加深、期間拉長，打底不易，但許多人還是只想用美元及油價來解讀，導致過度悲觀或摸不著頭緒。

時時掌握金融市場的相關資訊

在這裡，我必須分享一個很重要的概念，無論如何，最好都能夠持續關心國際財經、金融大勢的發展與主要投資商品的趨勢，長時間保持對其資訊的關切。不一定非要天天閱讀，但是仍要保持經常的關心。專家與一般人的差別，僅在於專家會長期地做功課，注意趨勢的變化，在從事投資的過程中，這些財經資訊便成為他們手中的最佳利器，提高他們在操作上的勝算。同時，投資某一項金融商品時，還是得要注意其他有關商品價格的表現。例如，投資黃金不能不瞭解

主要股市的走勢，美元、利率、國際油價、原物料、商品等表現也很重要。這些因素都可能會影響黃金，或其他金融商品的走向。不管是股票、債券、油價、利率，或國際政治與經濟的發展等，都是圍繞在我們四周的財經資訊。你不需要很清楚每一支股票的漲跌幅或目前股價，但是起碼必須要知道當今股市大盤的表現狀況、未來的可能發展及背後的大趨勢。藉由瞭解整體投資市場的環境，來分析或判斷是否該買進或賣出所投資的商品。舉例來說，當美國發生911事件時，就必須判斷這樣的國際政治事件，是不是會影響投資黃金的機會，在這個事件發生後，應該買進或是賣出黃金，它又是單一事件或是會有後續效應呢？2007年的美國次貸、2008年的全球金融海嘯及其可能的發展，就更是錯綜複雜，每天媒體的報導或是各機構的分析報告經常是相互矛盾的，加上油價和原物料價格的影響短期內明顯降低、基本需求面結構改變、資金面多空互見、經濟狀況又陷入前所未見的混亂，這時黃金的角色也有改變，運用的理念也需要有些調整。

再舉個很有趣的例子，藉此說明一般投資大眾接收資訊時的情形。有次我受邀前往參加某個理財講座，在會議過程中，我在台上分析了主要可能影響金價的幾個重要因素，將投資黃金所應注意的事項原原本本地說明了一遍。可是，當會議結束，有位投資人走到我面前來與我討論投資事宜，

他說：「你的分析真的是很精闢，我現在終於瞭解，就是因為油價大漲，金價才會漲！」聽了他的結論，我當場差點昏倒，心想：「剛剛的40分鐘裡，你到底聽了些什麼！」

投資人在閱讀媒體所提供的投資資訊之後，一定要抓到重點，用心分析之外，最好能夠建立屬於自己的架構。長期觀察金融資訊後，才能夠瞭解是什麼因素影響我們投資標的價格的波動。

我的日常生活相當忙碌，有些朋友甚至會問到：「我看你每天都好忙，但是究竟在忙些什麼？為何跟你聊天時，竟然會知曉這麼多事情？」我想這應該是我的習慣所致，不管是本業的財經消息，乃至於一般的社會新聞，我都會花些心思去瞭解、去關心。因為這些消息都發生在這個社會中，或多或少會與我們發生關係；也就是說，都有可能會影響你我所投資的金融商品的表現。雖然平日也許會忙到無法讀完整篇報導，但是我還是會耐著性子看過標題、掃過重點，並納入我腦子裡的資料庫中，也放在我模型中適當的位置上，提供分析與修正的基礎。

相關資訊來源

在台灣，如果想要隨時獲得有關黃金投資的資訊，網

際網路應該是個很好的選擇。但是，令人覺得不便的是，許多資訊都是以英文為主，中文的部分偏少。中文的部分多集中在銀行、證券商或期貨商的相關網站。在日常生活中，可能比較方便取得資訊的來源，就是報紙。但是，報紙的特性是，當有話題在發酵的同時，便會連續幾天有相關報導出現，反之，可能會有很長一段時間沒有下文，而且，新聞密集出現的時候，並不一定是適合的買賣時機，所以，可以當作是長期熟悉與蒐集資訊的來源。此外，國內長期以來報導黃金投資資訊較著力的雜誌，應屬財訊系統的雜誌，例如：《財訊》、《今週刊》等。當然，許多財經雜誌如：《智富》、《理財周刊》、《天下雜誌》等也常會有所著墨或做專題報導。另外，電視的相關財經報導或專題，投資人也可以取得資訊。

　　國內金融業者也多有提供相關資訊，例如，在臺灣銀行的網站上，固定每天、每週、每月都提供日報、週報與月報，開放式的提供投資人有關黃金投資的訊息。其他期貨商、基金公司或銀行的財富管理業務，也都會提供相關訊息，但有些訊息可能只限於客戶才能取得。

　　國外也有相當多的網站提供黃金投資的資訊。例如，立場客觀中立的世界黃金協會（World Gold Council, WGC；網址：www.gold.org）、全球研究貴金屬最權威的組織英國倫

敦的GFMS公司（GFMS Ltd；網址：www.gfms.co.uk）等。
此外還有我們所熟知的彭博社（bloomberg.com），也會提供
簡單的分析曲線。同時，直接連上各國黃金交易所也是個好
方法。

貼心小叮嚀

主要黃金資訊網站

臺灣銀行（www.bot.com.tw）

寶來曼氏期貨公司（www.pmf.com.tw）

鉅亨網（www.cnyes.com）

冨聯網（www.money-link.com.tw）

世界黃金協會（www.gold.org）

GFMS公司（www.gfms.co.uk）

倫敦黃金市場協會（www.lbma.org.uk）

瑞士銀行（www.ubs.com）

加拿大豐業銀行貴金屬部門（www.scotiamocatta.com）

紐約商業交易所（www.nymex.com）

芝加哥期貨交易所（www.cbot.com）

東京工業交易所（www.tocom.or.jp）

卓施金交易平臺（www.trasy.com/chinese/index.php）

Kitco（www.kitco.com）

The Bullion Desk（www.thebulliondesk.com）

Gold Eagle（www.gold-eagle.com）

美國雅虎財經網（finance.yahoo.com）

影響黃金價格波動的重要因素

　　相信有許多投資朋友都希望能夠有一套模式可以立刻破解金價走勢，並能夠從中獲利。關於一些操作運用的方法在第二章及稍後的章節都會介紹，但黃金是一種角色相當多元的商品，影響金價的因素實在很多。

　　在此，先介紹影響價格的基本因素，也就是一般俗稱的基本分析，這可是投資任何金融商品所需要的基本功夫。也要跟讀者分享影響黃金價格的二三事，面對金融行情要盡量避免見樹不見林的情形，要先建立對行情走向的大趨勢、大格局、整個輪廓與背景的瞭解與掌握。例如，黃金長期到底是在多頭或空頭趨勢中呢？主要的原因為何？這波趨勢大概可以維持多久？迫使趨勢改變的可能因素又有哪些？

　　在確定趨勢及主要的影響因素後，心中會比較篤定，投資組合也會有一個大的方向，大多數投資人都不是專業交易員或研究員，也不太可能鎮日在市場裡搶進殺出做個當沖客，理財規劃的目的是讓我們在工作之外，能夠有穩健增加財富的機會，實現人生的一些規劃和理想。許多研究也顯示，掌握大趨勢，長期的持有處在多頭行情中的商品組合，反而是大多數人能夠獲得理想收益與累積財富的方法。畢竟能在短線進出而致富的例子，還是占少數。而多年從事金融

工作的經驗與參考了許多同業與大師的哲學後，總以為必須先確立趨勢將長期組合視為投資的第一要務。行有餘力，再撥出適當比例的資金從事波段投資，至於搶帽子、短時間衝鋒陷陣的擭取式投資法，除了功力與機運，並不是大多數人適合的方式。

以下就在介紹影響黃金價格波動的基本因素，投資人可以嘗試著在心中畫出一幅金價分析藍圖，從掌握大趨勢的變化，逐步構築出自己的分析模型。不過，在進入這個部分之前必須先提醒投資人，熟悉金融與經濟分析的人都瞭解，所有的因素都在不停地變動，彼此之間又經常是相互關連的，雖然每個影響黃金的價格因子與金價之間有各自獨立的關係，但在分析的時候，一定要綜合來看整體的影響，才不會發生見樹不見林的失誤。接下來我們大致上可從黃金的實體與投資供需面、美元、利率、油價、通貨膨脹、戰爭、資金流動等幾個方面來討論。

供給與需求

任何價格都是供給與需求作用的結果，但對黃金來說，由於有大量的實體商品交易，背後有又牽涉到全球經濟與政治的發展，因此是瞭解黃金的基礎。

1.黃金的供給

　　簡單來說，實體黃金的供給來源，就是地底下開採出來的黃金及已經生產出來在地面上的黃金，又可以概分為礦產、官方部門的黃金出售、回流黃金、生產者避險操作以及投資性賣出等幾大部分。此外也有一些統計數據會將黃金借貸、避險性的遠期及選擇權交易數量也計入，但在這裡，則以實體性的交易為主要的探討對象。

2007年黃金供給來源分布圖

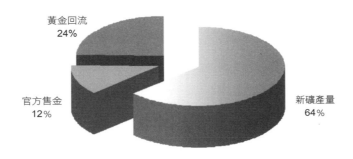

黃金回流
24%

官方售金
12%

新礦產量
64%

資料來源：CFMS

・金礦產出

　　金礦每年新的產出是實體黃金最大的供給來源，目前產量約在2,500公噸，約占整體供給量的60%以上。在80年代全

球經濟快速擴張的時期，大量的資金投入新礦的探勘，促使90年代的礦產量急速增加，由80年代的年產量1,000公噸出頭，逐年攀升，到了1996年突然劇增25％，終於突破2,000公噸大關。連續10多年產出的增加，造成價格相當大的壓力，使得金價欲振乏力。

金礦年產量圖

（單位：公噸）

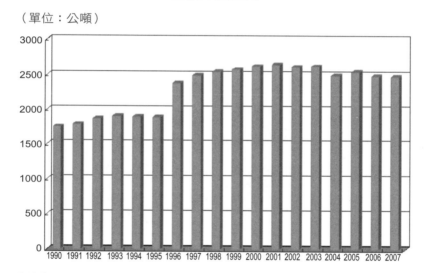

資料來源：GFMS

　　90年代初期，許多的評估報告都說金礦的增加速度不會太快。1993年，南非發生暴動時，大家還樂觀地預測全球礦產將受到抑制，金價榮景可期。的確，1994年和1995年的黃

金產量略減且持平，金價也由約330美元上漲到417美元，但1996年的產量暴增，加上歐洲地區中央銀行的拋金，使得供給面的分析圖一夕扭轉，金價也進入一波歷史性的大空頭。

　　但我們如果仔細地看看金礦年產量圖形會發現，金礦產量在2001年到達巔峰之後，開始呈現緩緩下滑的跡象。就我的瞭解，由於80至90年代金價的長期低迷，加上21世紀初期的全球景氣不佳，使得新礦的探勘支出減少，而且舊的礦源逐漸耗竭，例如：南非的金礦已經開挖到地下一萬呎，澳洲與北美地區的一些露天礦源也在減少之中。

　　根據2008年第三季的一些礦業研究報告指出，目前正在開採中的金礦，經濟產量大概只能維持到2018年前後，每年產出呈下滑的局面。而已經完成探勘可以投入生產的礦區，或是相當有希望可以在最近的未來投入生產的礦區，若能順利加入生產，這兩部分在2011年以前的產量是增加的，但恐怕無法彌補現有金礦產出的減少，更且，它們本身的產量也將在2014年左右開始反轉下降，預計到2020年代初期就會開採殆盡。

　　因此新礦的探勘是刻不容緩，不過，從美國次貸事件爆發以來，股市的表現就不太理想，金融風暴之後情況更加惡化，使得中小型的礦業公司籌募資本相當困難，大型公司也

覺得越來越沉重。再加上金價在2008年10月一度急跌到680美元，使得許多金礦公司根本入不敷出，因為過去這些年的礦業成本上升得非常快，700美元以下的金價，根本會使大多數的礦業無法維持，就算是金價在800美元，金礦的營運也會相當辛苦。他們的因應之道首先就是縮減開支，而新礦的探勘是眼前最不急迫的計畫，因此會被列為暫停的項目，這會使未來的礦產量更不樂觀。有些報告指出，金礦產量的減少速度未來可能還會加快，因為未來10年內新礦產量大增的可能性微乎其微，礦產量的變化從每年增減1至4％之間，可能轉為每年都是減少1至3％。

・官方機構出售黃金

　　90年代後期，有關於黃金供給面的重要消息莫過於，以歐洲為首的各國中央銀行大舉拋售黃金，再加上金礦產量增加，造成全球黃金在表面上出現供過於求的態勢，引發金價大空頭，這分析聽來似乎有理，其實只對了一半。自1996年2月1日開始，金價一直處於跌勢的狀態，罪魁禍首的確是多國央行或官方機構出售黃金準備。但若從統計數據來看，礦產與官方機構售金量雖有雙雙增加的狀況，不過在1996年與1997年的整體需求卻是是略高於供給的。或許有些投資人心中會有疑問，為何黃金市場需求大於供給，價格還是會往下

掉？答案是，金融商品的價格是反映市場的預期，也就是投資大眾陷入一場惡夢，因為全球主要國家的央行與官方機構所擁有的黃金，足以供應全球10年以上的需求，也就是大家產生黃金所有的功能與價值不在的錯覺，所以中央銀行才會拋售手中持有的黃金，而且會大量的出售，因而造成金價恐慌性的下跌。

但這種市場心理，的確也應該加入分析的模型之中。記得在1996年金價下跌之初，當時根據數據分析認為市場供給仍舊不足，所以認為金價跌幅不至於過大，而且會很快地復甦，但沒想到因為官方機構拋金的動作初期都很隱密，怕引發市場猜忌，但紙終究包不住火，隨著一家家中央銀行售金的消息浮上檯面，我才警覺事態嚴重，市場信心可能崩潰，因此趕快調整分析的架構，把市場心理的權數加重，也修正對趨勢的看法，但還是錯過第一時間了！

目前全球官方機構出售黃金的淨數量有逐年減少的現象，主要是因為第二期中央銀行黃金協定（Central Bank Gold Agreement, CBGA）的十五個簽署國將他們的每年出售黃金淨額上限定在500公噸，5年的協定期間限額是2,500公噸，這個第二期的協定執行的成效相當好。在2000年代初期，由於金價上漲，除了CBGA國家之外，有些其他官方機構也會伺機變現，使得官方機構黃金淨出售量一度達到600公噸上下，但

對於黃金市場還不會構成威脅。

　　有人可能感到好奇，這些中央銀行或官方機構是不是認為黃金沒有價值才要出售黃金準備，事實上，大家可以發現會拋金的國家大多集中於歐美，他們因為歷史的背景因素，持有很高的黃金準備，相對於外匯準備的比率達50％的比比皆是，在此提供近5年來官方出售黃金數量的圖表給讀者參考，而歐洲中央銀行（ECB）所訂的黃金準備率下限是15％，基於資產多元化的考量，當然會有適度調節的需要，而且又能夠增加國家的收入。

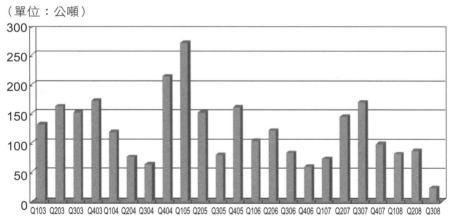

官方出售黃金數量
（2003年第一季至2008年第三季）

　　不過在2007年之後，官方黃金儲備流出的數量開始減少，500公噸的配額根本用不完。這是因為許多國家開始檢討這項政策的適當性。加上次貸與金融風暴的衝擊，黃金的策略性功能又受到重視，使得許多歐洲國家減少黃金儲備的出售。而在另一方面，有許多新興國家因為過去外匯存底很少，在經濟成長之後，累積很多外匯資產，但對於持有美元的信心不足，加上這些國家黃金儲備的比例都很低，約在1％左右，所以也開始或是考慮買進黃金增加準備，反而使得需求增加。

　　官方釋金占總供給的比例一直不是很穩定，近年來約占10至15％之間，目前在總供給來源各項目的排名第三，位居末座。全球主要國家手中所持有的黃金將近4萬公噸，大多數集中在西方各國的官方部門手中，除了直接在市場出售外，還可透過與黃金銀行或交易商之間的借貸關係，將部分黃金準備出借，以獲得利息收入，使得市場獲得更多可交易的黃金，確保國際金市的交易可以順利地進行。由於有黃金銀行與交易商在中間調節，這種借貸方式所產生的黃金週轉量，並不會造成供給面的壓力，反而是市場交易的必要活動。

　　基於上述分析，未來幾年內，官方拋金這個議題仍然會被市場注意，但若沒有意外發生的話，還不至於造成供給面太大的壓力。預期在2009到2010年之間，最熱門的官方出售

黃金新聞應該會是IMF的動作，IMF計畫出售403公噸的黃金儲備，目的在於籌資彌補援助弱勢國家的資金缺口，此項計畫已經討論相當久，預計會在2009年或2010年通過，但基本上會採取分5年以上售出，且納入CBGA配額之中，因此對供給面實際的衝擊應該不大，但也可能會被市場拿來炒作，而造成金價的大幅波動。某家國際知名的黃金交易商在2009年的分析報告指出，IMF的消息將對市場造成重大影響，而使金價狂跌，不過幾乎沒有其他機構贊成這個說法，因為分析和預測市場變化本來就是一件不容易的事，也只有留給市場去證明了。但我們仍要試著瞭解這項因素的變化，適時更新它在分析模型中的影響力。

· 回流黃金

　　另一項很重要但卻不易掌握的供應源就是回流黃金，也就是市場上舊有黃金的賣出。例如：許多人常常會用舊金換新金，或把過去買的金飾、條塊、金幣等變現，乃至於電子廢料、廢五金回收等都可以提煉出黃金，這些都是回流黃金的來源。金融風暴發生後，還傳出手機使用與汰換率很高的日本，要推廣手機回收，以便提煉黃金，可見得其重要性。目前這個部分是黃金供給的第二位，約占總供給的二成左右，但數量變化很大，約在600到1,000公噸之間。

　　回流黃金的數量通常與兩個因素關係密切。第一，當然是價格。也就是金價上揚時，回流黃金的數量會大增，例如：在1990年的波斯灣戰爭、1993的南非暴動、2001至2003年的金價多頭初升段、2006年前二季及2007年底到2008年第一季的金價短期大漲，回流黃金都以37％、19％、10％、43％及24％以上的年增率跳升。倘若預期金價會持續的長多，回流黃金就會開始惜售，等待更高的價位，以增加獲利，2004年及2005年的回售黃金年增率萎縮到-10％及+2％，部分也是因為這個原因。

全球回流黃金數量
1996至2008年（預估數）

（單位：公噸）

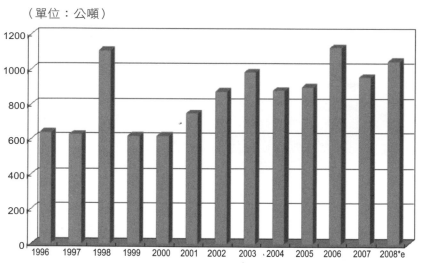

　　在金價下跌時，通常回流黃金會減少，但若是預期金價將會步入長空，回流金也有突然增加的可能，在1996至2000年的大空頭之中，1998年就是在市場預期陷入極度悲觀的情形下，回流黃金劇增75％，數量達到1,105公噸，占總供給的27％，是這數10年來所僅見的。

　　再者，當景氣衰退的時候，回流黃金數量也會增加。例如：台灣在2001至2003年間，回流黃金的數量大幅攀升。主要是因為國內景氣衰退，失業人口增加，許多人需要現金週轉，只好把過去累積的黃金賣出。記得在那段期間，每逢開學前及農曆過年前回售的黃金會大增，數量有時多到銀樓業者或盤商難以消化，甚至有業者必須將手中的黃金拿到香港出售才能獲得資金。當然同期間的國際市場也因為景氣不佳，加上金價剛開始上揚，也有大量的黃金售出。因此回流黃金也經常是景氣榮枯與金價高低的指標。

　　以長期格局而言，貴金屬、金屬、能源及原物料等商品，都是處在多頭格局，但大多數的原物料及能源都屬於消耗品，很難再回收，但黃金卻有相當大的部分可以回流使用。因此，一旦市場預期價格太高或是新興國家的景氣發展略緩時，這種回流金的數量變化就有可能造成金價的壓力，而造成波段震盪，這也是分析上必須注意的地方。

・生產者的避險操作賣出

　　生產者通常是泛指金礦公司與相關的產業。由於他們的產品是黃金，當市場價格波動時，基於保障獲利或規避風險的考量，生產者會將未來的產量先以遠期契約的方式賣出。以1996至2000年的情形來說，由於當時的金價持續下跌，生產者紛紛將未來金礦產量賣出，以保障未來的收益狀況。不過他們越賣越順手，反而成為金價下跌的幫兇。

　　但這個情況目前已完全改觀，由於1999年十五國中央銀行簽署的華盛頓協定使金價突然暴漲，導致許多拋出遠期黃金契約的生產者損失慘重，經營困難甚或宣告破產，並引發後續國際生產者等產業整併，間接使遠期拋售的活動減少，甚至為了消化之前賣出的遠期契約，還得慢慢地將其平倉買回。另外，由於近年來金價節節高升，幾乎已經沒有人拋售遠期契約。由統計數據上看來，1996年的生產者拋出遠期契約為142公噸，占整體供給量的4％，2000年之後生產者開始反賣為買，將原來拋出的遠期契約買回，到了2007年買回數量高達418公噸，成為價格的支撐力道之一。

2.黃金的需求

　　實體黃金的需求可以概分為製造業需求、窖藏需求、生產者避險買入、投資性需求、官方部門的購買等幾個大項

目。此外，牙醫的黃金使用量在過去也相當重要，但在這幾年隨著經濟成長，人們越來越注重美觀，這部分的用量相形失色，也就少有人討論了。至於官方部門的買進，由於公開的統計報告多是以全體官方機構買賣的淨數量來顯示，加上目前這個部分的數據大多是淨賣出，況且，大多數的政府在買進黃金時都相當低調，所以一般投資人可能不容易取得個別官方機構的買賣數字以及買入的報告，只能隨時注意專業研究機構提出的分析了。

2005年與2007年黃金需求來源分布狀況比較

類別 年份	金銀 珠寶	其他 製造業	條塊 窖藏	生產者 避險買入	金融性 投資	金幣 投資
2005	65%	14%	6%	3%	9%	3%
2007	59%	17%	6%	11%	4%	3%

資料來源：世界黃金協會，GFMS

3.製造業需求

製造業需求是實體黃金最重要的去處，大約占全體需求的八成以上，而這個部分又可以約略區分成金銀珠寶業與工業性的需求。前者顧名思義應該包含：金飾、飾品、擺飾、藝品等消費性黃金商品，後者則以科技業、電子業為大宗，化工業等也有一部分的使用。

黃金製造業需求圖

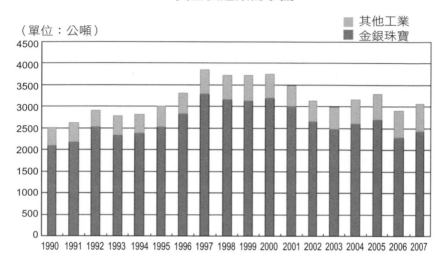

黃金在製造業的使用上受到景氣影響甚深，尤其以占總需求約六成的金銀珠寶業最為明顯。從圖形上可以發現，金銀珠寶製造業的需求在2000至2003年的4年之間大幅度的衰退，主要是反映全球景氣的衰退。但2004年之後，在新興國家的成長與全球景氣開始復甦之下，整個製造業需求都開始成長。但是，2006年金價在第一、二季的大漲，又再度打擊了需求，特別是飾金的部分。2007年好不容易又恢復成長，但2008年上半年金價突破1,000美元，又再度壓抑了飾金的需求，第二、三季金價的修正，的確把需求又再帶上來，可是金融風暴使得經濟前景悲觀，第四季的需求再度滑落，整體

而言，2008年的製造業需求表現相當不理想，其中又以金銀珠寶業最為明顯，其他製造業反而還較為平穩，所以，飾金占總需求的比例逐年下降，而其他製造業則有增加的趨勢。一般認為，2009年受到全球景氣的衰退或可能蕭條，無法對於整體製造業的需求抱著太大的期望，但長期而言，由於大家認為經濟終究會恢復成長，特別是新興國家復原能力更快，所以，長期的製造業需求仍然是相當樂觀，對黃金市場是個很好的支撐因素。

在這裡，和大家分享一個小心得，就是金銀珠寶業的黃金需求通常在景氣走入衰退時，會是領先指標；反之，在景氣復甦的時候，會是落後指標，這是我累積多年經驗得到的一些解答。其實，剛開始有此現象時，倒是有一些道理想不透，後來發現，金銀珠寶等商品都是比較奢侈的消費財，也就是說，當人們覺得荷包縮水時，通常會先減少非必要性支出，但民生用品不能不買，等到經濟復甦，大家手頭開始鬆了，才會開始買進飾金這類炫耀性財富商品。

此外，這類需求受到價格影響很大，當金價不斷往上攀升，使得購買飾金的支出大增，大家就會減少用量，例如：過去這些年的不景氣，台灣金銀珠寶買氣不振，但業者早就想出辦法因應，利用黃金獨有的延展性，搭配電鑄技術來包裝飾金，使其變得富有變化，雖然外表看起來又大又漂亮，

但裡頭是空心的，所以可以有效降低售價，大家也就樂意購買，但整體的需求量就會受到影響。

　　從圖形中可以發現，金銀珠寶業的黃金用量上下變化很大，但工業性需求似乎就相對穩定得多，這是因為全球科技業及電子業的成長，縱使在2001到2003年的低迷景氣中，還是有相當不錯的成長，不過，就像前面提到，2009年的經濟狀況恐怕很難樂觀，也有少部分機構對於飾金需求相當不看好，但多數對科技業與電子業仍維持審慎樂觀的評估，當然新興國家的產業需求變化是相當重要的觀察指標之一。

4.預期心理的重要

　　由於黃金製造業的需求占全體需求八成以上，因此從它的走向差不多就可以推估整個需求的變化。如果把它和前面提到的供給面合併起來分析，大家就會發現一個有趣的現象，那就是1996年和1997年明明是需求成長得很快，而且大於供給，但金價卻快速下跌；但2001年之後，需求雖然在增加，但絕對數量上來說，還是遠低於1996到1999年，同時2002、2003和2005年這3年，實體黃金的供給還大於需求，價格卻一路攀升，2005年第四季開始，短短半年內就上演了好幾次的噴出行情，2007年第三季到2008年第一季走勢更是強勁，這原因到底在哪裡？其實說穿了，就是預期心理。

　　之前提過，1996年開始的空頭行情主因是大家預期中央銀行會不斷拋出黃金所致；到了2001年之後，新興國家的快速發展所勾勒出的需求成長美景，帶動了錢潮，不只是湧進黃金，所有的貴金屬、金屬、能源、原物料，乃至這些國家的股市，價格都倍數翻升。當然，除了這項單一因素外，還有很多其他的因子共同作用，例如：地緣不穩定、油價、美元等，才造就了這番行情。

　　其實這種心理因素相當不容易掌握，尤其是想要短線進出的人，恐怕難度更高。我雖然因為注意到這些趨勢，因此早就提出了金價長多的看法，而且在2005年上半年許多人擔心金市多頭已經結束時，仍堅守做多的方向，讓有些人笑稱我是死多頭。但當10月金價上漲到480美元時，發現製造業需求出現嚴重衰減，覺得當年的滿足點應該是已經到了，金價應該稍事整理，留待來年再繼續下一波行情。沒想到我卻忽略了強烈預期心理所造成資金能量的累積，大盤不過拉回三分之一做個短暫的強勢整理後，就立刻反轉上攻，在11月及12月連續演出二次模式相同且幅度分別達到18%及17%的漲勢。當我發現需求情況轉變，原來製造業需求雖然因高價而大減，但金融性需求立刻補進，立刻在11月份修正看法，轉知客戶及告知媒體，資金行情將要開始，但投資性資金的動向相當不易掌握，目標價位的估算挑戰性很高，要賺這一波

可不容易。但如果能配合第五章的波段分析法，就可以避免這種數據不足的盲點，增加勝算。

　　但更有趣的是，許多金融投資業者，仍然引用舊有資料，一直到了2006年初還對媒體與客戶表示，價格飆升是因為中國大陸及印度的需求大好所致，根本沒有注意市場即時的變化，許多媒體及客戶還根據他們的資料要我說明。事實上，這些新興國家的實體需求早在2005年第三季末就開始減少，到了當年底根本就已經停滯了！類似的情況，在2007年12月到2008年第一季也再度上演，只是這次的情況又更加複雜了！由此可見，金融市場的詭譎多變與短線操作的不易，除了基本的資訊分析外，絕對要細細體察市場人氣的動向，這也是我比較建議採取長期大趨勢的操作，避免短線進出的原因之一。當然，面對這種波段行情，仍然有一些技術分析的工具可以協助我們，這部分就留到投資操作技巧的部分再和大家分享。

5.投資性需求

　　投資性需求包含了傳統上的黃金條塊的窖藏、金幣的購買與新興的黃金指數股票型證券投資信託基金（Exchange Traded Funds, ETF）、交易所期貨契約、店頭市場的紙黃金、黃金遠期契約及衍生性商品等，而這些買盤的目的包含了避

險、保值等防禦性與策略性需求以及純粹的獲利性操作。

這幾年來,黃金的投資性需求對金價長期趨勢的影響越來越大。舉例來說,2005年黃金的淨投資性需求比2004年增加了736公噸,幅度達到136%,占總需求量的18%。更重要的是,這些投資性的買盤幾乎是集中在2005年第四季,因此造成了10多年難得一見的爆發式行情。至於2007年第四季與2008年第一季反而是現貨性的投資性需求減少,但在衍生性商品方面過熱,更是屬於明顯的資金行情。

整個投資性需求的內容卻有了很大的轉變。首先是黃金條塊的窖藏與金幣的購買,這部分的需求是指個人或機構買進實體的黃金條塊與金幣,可泛稱為窖藏性需求。窖藏黃金的目的可能是投資、避險、保值、送禮、資產規劃等。窖藏性的需求長期以來都相當穩定,近幾年約占總需求的一成上下,可以說是需求以及金價的基本支撐,但對整體行情的影響通常並不會太大。這一部分在2008年第四季大量的成長,主要是因為金融風暴後,許多人尋求具有最終真實價值的避險性商品,使得小規格黃金條塊及金幣大賣,全球都出現缺貨現象,精鍊廠與鑄幣廠產能全開是無法應付,但有趣的是,金價仍然呈現震盪下滑整理的現象,主要就是其所占比例還不夠高,無法完全吸收來自於衍生性商品市場的套現與投機性賣壓。

　　至於金融性的黃金投資買盤，則是現在市場最熱門的話題，由於預期金融風暴後防禦性與策略性黃金買盤將持續增加，以及長期全球新興國家仍將恢復成長、地緣不穩定的話題、長期能源及原物料價格的看好、美元長期看貶等因素，引發了一股資產組合多元化的風潮。許多的機構法人如政府儲備、主權基金、退休基金等均調高持有黃金的比例，投資大眾的資金也湧向黃金。

　　根據美國商品期貨管理委員會（Commodity Futures Trade Committee, CFTC）的統計顯示，對沖基金等法人在紐約商品交易所（NYMEX/COMEX）的平均淨部位自2001年的淨空頭-6,285口契約，增加到2005年的淨多頭101,786口契約。而且他們所持有的淨部位，占紐約期貨交易所未平倉總部位的比例，也由2000年以前的20％以下，逐步增加至2001至2003年的20至40％，而2004至2005年則已經高達50至60％，這麼高的比例，表示基金法人在期權市場不但活動相當積極，也有長期停留在金市的可能。當然，也因為他們所占的部位如此高，影響力就變得相當大，2008年第四季金價的一度大跌也是拜這些投機法人所賜。當年前7個月這些法人的淨投機多頭部位平均還在30至45％之間，但金融風暴之後因為金價立刻反彈，這些法人又急需要資金，立刻在美國期權市場上拋出黃金部位，使其所占比例直落20％，現貨金價也急跌至680美

元，但他們在12月底開始回補部位，到了1月初比例又回到了35％上下，金價也因此回到830至870美元之間，還一度觸及890美元。但也發現到，就算因為套現大賣，持有的黃金期權還占有20％以上的水準，顯現還是有長期持有一定黃金部位的意願。

　　此外，黃金ETF及同類型商品的熱賣，更把市場的熱度帶上高點。在2005年底時，全球共有五檔ETF類型的黃金商品，其所持有的黃金數量已逼近500公噸，若與全球中央銀行的黃金準備一起排名，可晉身到第11位，當時就覺得未來的發展潛力相當驚人。而到了2008年底時全球共有約10檔的黃金ETF，合計黃金持有量已經突破1,000公噸大關，接近1,100公噸，未來仍有成長的空間。記得我在前面提到2005年10月當現貨金價由480美元回檔修正時，因為忽略了錢潮的力量，而沒有精確的預測到其後的二波行情，除了製造業需求的數字外，另外一個原因即是在當時金融投資性買盤中，我明顯地注意到基金法人有調節部位的跡象，因此更加深我認為行情要先拉回整理一段期間，但沒想到的是當時黃金ETF的交易量大增，這股螞蟻雄兵的力量，補足了資金空檔，引發更大的漲幅。雖然這是由於交易所黃金ETF成交數據無法即時更新所造成的空窗效應，可說是非戰之罪，也讓我們明白市場變幻莫測和難以掌握事實，但金融風暴之後的情況更加

詭譎，對沖基金等投機法人在期權市場上的黃金套現賣壓很大，使得金價岌岌可危，好在現貨市場上防禦性與策略性的黃金買盤大增，黃金ETF的存量也是不斷增加，這都提供了金價相當好的支撐以及後續反彈的本錢，不過卻也使市場來回震盪，方向混沌不明。

在此，我想利用2005年的金價走勢，把前面所提到的需求因素整理一下，讓整個圖像更加清楚。許多供需的因素都必須要討論其長期或短期的影響性。舉例來說，2005年7月金價整理結束展開一波上漲格局，在供需面的主因是上半年中國大陸與印度等國的製造業黃金需求大增，而供給面相對不足。當時的金價大概從430美元漲到480美元，接著就是一波拉回走勢，在11月4日修正到456美元。所以這2005年的第一波行情，製造業需求與新興國家貢獻相當大。

如同我們前面的分析，中國大陸、印度等新興國家，對於實體黃金的需求長期是會持續增加，但這屬於長期因素，是大趨勢面。同樣的說法到了2005年第四季，便無法繼續套用了。2005年10月間，中國大陸、印度等地的黃金需求因為國際金價過高，壓抑整體進口的數量而面臨衰退。當時專家的看法都認為金價應該要回到450美元以下，才會刺激實體黃金的需求，加上基金法人在期權市場也有調節的動作，整體感覺好像就是要拉回整理，但是當金價來到456美元，便因為

來自黃金ETF及相關金融投資性的資金湧入,金價又開始攀升,補足新興國家的買氣。因此,當時的金價應該是投資性需求大增,國際熱錢的湧入,才導致黃金價格的上漲。投資人必須小心分析長期或短期因素的影響力,絕對不可混淆了兩者的差別與變化。

2008至2009年也有類似的現象,印度、俄羅斯、中國等新興國家的需求受到高價的壓抑,再加上經濟的衰退與股市的下跌,使財富與購買力縮水,黃金的消費性與工業性購買量可能明顯減少,需要金價到了830美元,乃至800美元以下,買氣才有復甦的跡象;另一方面,投資性、防禦性、策略性的買盤卻因為金融市場表現不佳而持續湧入,只不過這次加上了經濟前景悲觀的因素,這些買盤提供的支撐力道就比2005年時還要弱一些,也使得黃金的整理期恐怕要加長許多。

提醒投資人,投資性需求的變化很難從一般的報導數字中,輕易地看到投資性資金的數字。較為方便的方法是直接到各國大型證券交易所及期貨交易所的網站上,查詢相關黃金ETF類商品及期權的交易數據,以便瞭解短期資金的流向。例如,美國的商品期貨交易委員會(CFTC)的網站上,每個禮拜都會公布上個禮拜二美國期貨部位的數字,裡頭就會包含:黃金的成交量、多空部位、淨部位、投機性部

位等數字，而全球最大的黃金ETF—SPDR專屬網站（http://streettracksgoldshares.com/），也可以取得相當多的參考資料。

在現在的黃金市場中，投資性需求是相當重要的因素，這部分一旦反轉，就成了賣壓，因此，期貨市場及證券市場是一般投資大眾藉以觀察投資性需求或投機性需求的主要工具。

美元的影響

一般而言，美元與金價是呈負相關的走勢，也就是美元上漲，金價就會下跌；美元下跌，金價便會走強。但是，這並非絕對不變的鐵律，但是許多投資人卻把它奉為圭臬，此時反而可能導致判斷投資上的失誤。

美元與金價的反向關係主要是因為以下幾個原因：

國際金價是以美元計值，對需求國來說，當美元升值時，會增加購買黃金的成本；美元貶值，也象徵購買黃金的成本降低，增加購買或投資的意願。

就產金國來說，如果美元升值，表示出售黃金可以換回比較多的本國貨幣，會增加多開採黃金的意願，造成供給增加，金價下跌；反之，金價就可能獲得支撐。

　　如以投資面來說，因為投資黃金沒有利息收入，而相對投資美元將可以獲得利息以及匯差。所以，當美元走強時，許多投資人會將資金投向美元市場，如此一來，會導致黃金價格的下跌。

　　此外，貨幣就如同一個國家的價值，當美元走強時，通常也象徵著美國經濟發展情況良好。身為全球經濟的火車頭，美國經濟表現也影響了世界金融局勢的發展，投資美元資產相對來說，會比較有利。再者，美國經濟走強，也可能訴說著全球政經局勢正處於和平穩定的階段，景氣狀況良好，大部分的資金會走向美國股市、美國資產或主要國家的證券市場，黃金身為「避險天堂」與「亂世英雄」的傳統價值便會消逝，投資黃金的腳步走向趨緩。

　　例如，在90年代初期，美元表現疲軟，相對地，金價的走勢就相當理想。但這只是初期，到了90年代末期，美元開始上揚，使得國際金價面臨下跌壓力。

　　在進行投資黃金的決策時，投資人可以藉由上述這些關係，適度配合美元走勢，來做綜合判斷，但是這絕對不是一成不變的互動關係。

　　舉例來說，2001至2004年美元貶值，金價也的確一路上揚，但自2005年起，美元反轉快速上漲，但是金價在2005年竟然還是持續上漲，打破過去基本架構的迷思，至2005年

底，美元漲勢開始受阻，金價就漲得更兇。這個情況的原
因是，美元的走勢在2005年間，由於美國聯準會（FED）持
續升息的動作，鼓舞美元升值。但市場認為美國升息主要是
為了對抗通貨膨脹，不完全是因為景氣看好，當時的美國股
市與景氣雖有短暫的復甦跡象，但是仍處於波動不穩定的狀
態。市場對美國的雙赤字及未來美元的前景仍舊堪慮。

美元與金價
（1989年1月4日至2009年1月12日）

金價　　美元指數

　　除此之外，整體市場對於黃金的需求仍在，製造業與投資性需求輪替進場，也抵銷了美元升值給金市帶來的壓力。同時根據分析，造成金價上漲的整體大環境因素都未改變，因而發生了在美元持續攻頂的情形下，金價並未隨著下跌的意外現象。而2008年下半年美元的強力彈升似乎給了金價相當大的壓力，兩者幾乎是呈現完全相反的關係，但這段期間，美國的經濟當然不好、股市下跌、利率降到接近零，美元的強勢與資金流動有關，可是金價卻被壓得抬不起頭來，這是因為除了美元之外，金價還有來自對沖基金與投機者的賣壓，而他們拋售黃金的背景也是與資金有關，這時金價當然就很難有好的表現了。這個現象說明了，單純考量美元與金價的關係，可以發現兩者呈現反向的關係，而且相當明顯，但是由於美元升值或是貶值牽涉的層面相當廣，因此綜合全面影響之下，美元與金價的關係就不是那麼絕對了。不過，長期實證觀察發現，美元與金價在長期趨勢上的負相關是相當明顯的，只是係數的高低會有變化，因此，國際上很多人對未來長期的美元走勢並不看好，所以也會採用黃金來當作一種因應的策略性工具。

美元利率

　　其實美元與美元利率對金價的影響很類似，貨幣價值

是一個國家價值的衡量工具，同樣地，利率也是貨幣價值的表彰之一。換言之，美元利率與黃金價格的關係，也會是類似美元一樣成反向關係，即美元利率下跌時，黃金價格會上漲，而美元利率上升時，黃金價格會下跌。

我們通常把利率稱為持有黃金的機會成本，因為持有黃金通常不會帶來額外的利息收入，因此保有黃金，就失去了賺取利息的機會。利率越高，這種機會成本就越大，除非預期金價會大漲，否則一般人應該會將資金放在存款中獲取利息。

此外，一個國家利率升高可能是因為國內景氣復甦，物價連帶上漲，同時，消費者有更高的能力來負擔較高的利息支出。再者，利率的高低也是反映資金的供需狀態。當市場資金數量不足時，銀行必須提高利率，來吸引資金投入，如此一來，對於金價而言，利率的提高，將會影響游離資金投入黃金市場的意願，壓抑金價表現。

例如，在90年代這段期間，利率大多是走高的狀態，經濟蓬勃發展，相對於投資黃金沒有任何利息，貨幣資產就更具有吸引力，甚至可以投資其他金融商品，如股票等。除非投資人已經預期黃金即將大漲，否則黃金市場很難吸引熱錢流入，更別提金價走揚了。

但是，假如國家提高利率，是希望採取緊縮的貨幣政

策，以打擊通貨膨脹時，只要市場對通貨膨脹的預期或憂慮很強，金價可能會因而受惠，轉而升高。

例如，在2005至2006年初，美國聯準會連續調升十五次的利率，連當時的主席葛林斯潘（Alan Greenspan）卸職前，還調升了一次，而繼任的柏南奇（Ben Bernanke），也繼續這樣的政策。值得觀察的是，美國持續的利率調升，並未對金價產生壓力，那麼，金價仍持續上揚的原因何在？最主要是因為美國的調升利率，特別是到了後期，主要是為了打擊通貨膨脹的發生。當時葛林斯潘一再強調，應該重視市場是否過熱，以及物價的問題。同時也提及，金價是用來衡量通貨膨脹的尺度之一。這十五次的調升利率，並未真正吸引資金回到美國市場，一方面也因為投資人對於美國現今的投資環境尚有疑慮，因此對於國際金價是有正面的效應。這樣的通貨膨脹憂慮一直持續到2008年初，也是帶動金價創下新高的推力之一，而到了下半年，當大家開始憂心經濟衰退、通貨緊縮的問題時，這股支撐力才明顯減弱。

和美元與金價的關係一樣，美元利率固然是個很重要的因素，但是投資人絕對不可以緊抱公式不放。當然，也許有人會有疑問：「難道我們只需要考量美國利率的因素，不需要再參考歐洲各國、日本等地的利率？」

的確，對於金價的影響而言，美國的利率表現目前仍是

我們考量的重要指標，因為現階段美國的經濟表現，依舊是全球經濟的主要領先者。不過，全球的整體利率趨勢也不容忽略，誠如上述所舉2005至2006年的例子中，在同一期間歐洲、日本等主要經濟體的利率水準都相當得低，甚至有負的實質利率現象，對金價是有支持的作用，但在美國的利率持續調高的情況下，各國的利率也會隨風起舞，逐漸走高。更例外的狀況是，2008年9月之後，全球利率齊聲下降，幾乎到了全球零利率的情況，但金價卻是不斷的震盪、尋找底部，這是因為資金面的賣壓以及對來年現貨需求面可能遭受景氣打擊的擔憂所致。

值得一提的是，隨著美國經濟體與美元在全球主導力量的可能衰微，未來在觀察美元及利率時，可能要隨著大趨勢進行調整。投資大師吉姆‧羅傑斯（Jim Rogers）在2005年時預言：「5年後，美元將不再具有主導力量；10年後，沒有人會再提到美元。」結果如何，我們可以拭目以待，但掌握大趨勢，順勢調整投資策略與分析方向，是絕對需要做的功課。

股票價格

說到股價的影響，因為美國執全球經濟牛耳的地位，

所以我們不得不從美國的股市走勢來瞭解股價與金價之間的
關係。我想以美國的道瓊工業指數為例來說明，其從1980至
2000年一直處於成長期，指數從1,000點以上一直向上攀升到
11,500點以上，力道強勁。這段期間，除了1987年間的股災
小跌了1,000點左右以外，美國股市整體而言，均呈現持續走
揚的格局，連帶可以瞭解一般投資人在當時最關注的是股票
價值，勝過其他金融商品。

金價與道瓊工業指數
（1996年1月2日至2009年1月12日）

　　股價的表現與金價的關係，基本上也是保持著反向關係。假如股價上漲時，國際金價的表現就不樂觀；反之，美國股市衰退，金價表現會較佳。但要特別注意的是，這種負相關的現象並不是相當明顯，許多研究指出，金價與主要市場股價指數的相關係數大約在+0.05到-0.15之間，所以並不是相當的強，也因此有些觀察認為金價受到股價的影響有限，反而可以當作對抗股價變動的防禦性資產。

　　所以，需要注意股價與金價之間關係發生的背後因素，有時也有例外的情況。例如，2003年開始，美國道瓊指數又開始向上攀升，金價在同期間上漲的力道也是很強勁，主要是因為投資人對於美國股市大多沒有信心，對於美國經濟也是信心缺缺。此外，其他如黃金的供需條件改善、地緣政治不穩定、新興國家等題材也對金價有利。因此，雖然整體股市表現是走向上的格局，但是黃金仍能獲得投資人的青睞，以至於黃金等其他商品的表現依舊十分亮麗。

　　要瞭解整體經濟表現如何，觀察股價變化是最明顯的，這也是投資人一翻開報紙，就可以輕鬆獲得的資訊，可是投資人不能只從表面看待這些趨勢。雖然股價與金價基本上是反向關係，但也會隨著時間、外在條件的改變而調整。如何正確解讀股票市場與國際金價的關係，也是黃金投資的重要課題。

　　舉例來說，2005年上半年，有許多相關投資報告都指

出，因美元升息、美國利率走高與美國股市表現不錯的緣
故，黃金市場多頭可能會結束，金價會開始下跌，許多國際
機構也提出黃金將要跌破400美元，又將進入空頭市場。當時
台灣的黃金投資數量突然大幅減少，許多人剛剛開始注意到
黃金市場，聽見風聲就趕快收手；有些投資人認為金價上漲
無望，開始將手中黃金釋出。

那時我印象很深刻，在衡量整個大環境後，發現金價
沒有進入空頭的跡象，只是盤整期會拉長，還告訴許多投資
人與媒體朋友，這是進場的好機會，並提出投資黃金這個波
段至少可以有一成以上漲幅的說法，很多投資人卻回我說：
「一成算什麼！我在股票市場裡，一天就有7%，兩天就有
14%了！為什麼要投資黃金？」當時許多人轉向股市，強烈
壓制了資金流向黃金市場的力道。而很多人嘴裡說著要去開
立黃金存摺帳戶，還是猶豫不決，沒有行動。

但是，當時的整體黃金市場走勢依舊強勁，從2月份到7
月份在411至435美元間整理，一旦發動之後，在12月上漲到
540美元的高點，跌破所有人的眼鏡，也讓許多投資人捶胸頓
足。不過，當2005年後半期，許多台灣的投資人慢慢發現台
灣股市很難操作，不易獲利，便又慢慢回到黃金市場裡。

而2008年卻又是另一番景象，道瓊指數在2007年美國
次貸事件之後，由第四季初開始下跌，這時金價是在飆升波

段，兩者明顯負相關。但2008年第二季之後一直到2009年初，道瓊與金價在趨勢上就像是難兄難弟，都是一路下滑，不過若是分開以各季獨立表現來分析，在第二、三季時兩者還是維持著單季的反向走勢。所以，分析股價與金價間的互動要相當注意自己的投資目標、期間及相關環境的影響。

在這裡要提醒的是，在關注某樣商品的走勢時，必須將眼光放寬，注意是否有其他因素干擾，導致舊有規則產生變化，更重要的是，掌握大趨勢與大格局，才不會被短期的因素影響，隨便改變長期投資策略。黃金只是眾多投資商品的一種，投資部分資金在黃金市場，也許在類似股市操作失意時，可以獲得一些保障。

油價與通貨膨脹

油價與通貨膨脹的關係，大致都是相伴相隨的，雖然油價是討論通貨膨脹的指標之一，但是，油價與通貨膨脹並不是必然能夠等量齊觀的。台灣人的記憶似乎都停留在兩次能源危機的時期，所以時常將兩者視為一體。當然我們不能否認，油價的波動時常關係到許多民生物資價格的變化。不過，通貨膨脹應該是整體物價持續一段時間的上漲，而油價高升是否會引發通貨膨脹也還值得觀察。就油價、通貨膨脹

與金價之間的關係，原則上是正向的關係，油價上漲或通貨
膨脹率升高，金價會上漲；反之，金價會下跌。一旦引發通
貨膨脹後，便會打擊民間消費力，打擊到工業生產力，造成
經濟衰退，景氣變差，但這又可能會影響到黃金的消費與工
業生產方面的需求，這時就要注意其與避險及保值性需求間
的消長關係。

　　針對此點，可以從70年代來看，原油價格從一桶2.5美元
漲到1980年的一桶45至46美元之譜，不到10幾年之間，漲幅
高達20倍。因此，這期間的兩次能源危機也衝擊到景氣及物
價，使得金價持續上漲。

　　曾有人將過去的歷史用於金價的預測上，指出原油於70
至80年代的漲幅看來，當時金價的漲幅，從40美元上漲至850
美元左右，漲幅將近21倍。而70至80年代中，原油價格漲幅
倍數（20倍）和金價的漲幅倍數（21倍）是非常相近的，所
以表示油價與金價的上漲不但呈現同步，甚至應該要接近等
比例的關係。

　　若以2006年的油價與金價變化來談，油價從2001年開
始由最低每桶20美元左右上漲至2008年的147美元，漲幅達
635％之譜；但是，以同期間的金價來說，從253美元到1,030
美元，僅只有307％的幅度。若依照上面的理論看來，金價
與油價之間存在同步與等比的漲跌關係，金價應該也要有接

近635%左右的倍數成長，目標價格要達到1,600美元才是，但是這是否成真，我們無法肯定。或者是當金價達到1,600美元時，油價會是在什麼價位呢？從另一個角度來看，油價自2008年的高價147美元一口氣跌了78%，到32美元的最低價，但金價就算用最高與最低價比較，不過跌了33%，結果7年換算下來，金價的漲幅還大於金價。這不但指出金價與油價雖然是正相關，但波動、風險與短期的方向變化都不太一樣，並非大家所想完全同步。

金價與油價
（1996年1月2日至2009年1月12日）

■現貨金價　■油價

　　雖然專家一致認為金價會持續上升，但是，這跟油價的是否有關？原則上，油價與整體經濟有關，一旦油價上漲，便會衝擊到許多產業，產業的經營變得困難，生產難以成長，導致股價下跌。當然，也會影響我們的生活與手中所持有的貨幣價值，民眾會感受到貨幣的實質購買力持續下降，導致消費能力變差。民眾對於未來長期發展較為悲觀，這些因素都會增加購買黃金的意願，使得金價大漲。就長期觀察的經驗，除非有特殊的情況發生，否則油價通常不會直接衝擊金價的變化，而是循著間接或聯想與預期心理的關係來影響金價表現。目前的金價上漲若說與油價直接相關，倒不如說是因為整體的經濟局勢改變，造成所有的原物料價格一致向上攀升，而全球三成以上的原油供應是來自政治不穩定的區域等，如此的論點可能還比較貼切。因為影響油價上漲的許多因素，正好也是刺激金價的外在環境因子。

　　在這裡，可以將金價、油價以及包含貴金屬、金屬、能源及原物料等的19種商品的美國商品研究局指數（CRB Index），把這三種價格做成一個曲線圖來瞭解彼此之間的關係，將2001年4月1日年作為基期，也就是將金價、油價、商品指數在當時的價格當成100來看，從2001年4月1日到2009年1月12日之間的變化，可以輕易地看出，油價與金價的表現都比CRB指數要好，油價在這段時期裡的波動程度遠比金價與

商品指數來得劇烈許多，在2007年以前大致上漲跌幅與金價相去不遠，但到了2008年飆漲之後，整體漲幅就比金價大得許多，但之後的跌幅更驚人，7年比較下來，金價的表現是最平穩，且獲利也最高。

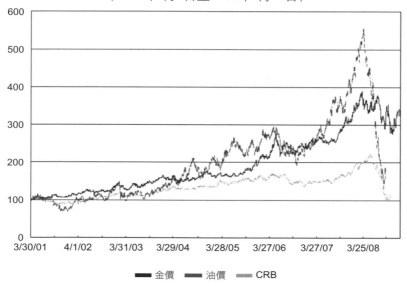

金價、油價與CRB指數化比較圖
（2001年4月1日至2009年1月12日）

在上圖中，可從相關係數來分析，也會發現，在2005年及2007年油價對金價的影響都不像一般人想得那麼大。

順帶說明，下表美元對歐元匯率與金價的相關係數是正數，也就是代表美元與金價是反向的關係，而與股價指數的相關性，則是不太明顯。

2005年及2007年金價主要價格因子相關係數

年份 \ 影響因素	美元／歐元	油價	CRB指數	S&P500
2005年	0.50	0.29	0.20	-0.03
2007年	0.51	0.15	0.21	0.09

資料來源：世界黃金協會，GFMS

油價和金價間還有一個很有趣的資金連結效應，就是俗稱的「油元」。當油價連續大漲，許多產油國，特別是中東國家或是一些開發中國家，在石油銷售上獲利豐厚，就會把一部分資金用來投資黃金。1980年的黃金天價行情中油元的貢獻就不小。2005年起，由於油價持續上漲且後市看好，有關油元效應的說法再度興起，對金價的心理面有相當的激勵效果。市場樂觀派甚至將資金用在所有商品（commodities）間尋求獲利的機會，因此，就算油價碰到修正行情時，也可能會發生資金轉戰黃金的另一種熱錢式的「油元」效果，這裡就要解釋另一項市場常用的指標就是「金價／油價比」；即是用金價除以油價得到的比例，簡單的說是一盎司黃金可

以買到幾桶原油，當這個比例低於長期平均值時，通常顯示油價上漲的幅度大於金價，或是金價已經相對較低，未來有上漲的空間。

　　過去30年的平均金價／油價比大約在15上下，但2005年曾經一度下降到6的邊緣，到2006年初也才回升到9左右，因此許多人都認為根據這個比例，金價還有很大的成長空間。但在2008年此一比例再度降到6，代表的是油價已經過熱，結果油價真的就從147美元直線下墜，這段期間雖然金價的表現也不理想，但卻使這個比例很快的回到了25，這又是相當高的水準，應該是顯示油價有些超跌了，但因為市場對於經濟前景相當悲觀，打擊到對原油需求的預期，使得油價只好持續在低檔整理。

　　其實這個觀念和我們前面所說明的油價與金價的同步或同比例關係有些類似，運用上還是要配合大環境一起考量。

　　此外，談到通貨膨脹的部分，除了整體的通貨膨脹狀況，還可以採用美國的消費者物價指數（consumer price index, CPI）與生產者物價指數（producer price index, PPI）兩個重要的指標當作參考。此外，這兩個物價指數又分成「整體」物價指數與「核心」物價指數的部分，而觀察「核心」物價指數主要可以瞭解，除去能源影響之外的民生物資的價格。這些數據的取得方式相當方便，投資人可以從一般的報

章雜誌或媒體的報導取得資訊。基本上，長期觀察的結果，通貨膨脹與金價是成正向的關係，30年的相關係數達到0.5以上，近年來通貨膨脹的隱憂常被大家提起和注意，無論在實質上或心理上對於金價都很有幫助，也是值得注意的長期趨勢指標之一。

寫到這裡，大家可能已經產生一些混淆，到底油價和通貨膨脹與金價的關係是什麼？基本上這三者仍然是呈現正向的關係，但是直接影響力可能不見得有大家所想得那麼大，由於影響油價與金價的許多因素是高度相關的，因此必須就當時的時空背景做整體的考量。

就大趨勢來說，雖然油價在2008年下半年做了相當大的修正，但只要全球經濟能恢復成長，長期來看，能源價格還是要走到上漲的格局。雖然目前能源占整個國內生產毛額（GDP）的比例較20年前為低，所以衝擊也沒有那麼大，但長期下來，對產業及物價一定會有相當程度的影響，也會形成支撐與激發金價的因素。加上大環境中的區域衝突、通貨膨脹、新興國家需求等因素，也對兩者都有很大的幫助。但要記得，能源是消耗品，攸關國計民生，但黃金有很大一部分是高貴的消費財，但卻又具有貨幣與避險保值的功能，角色與功能可有些不同。

簡單來說，就長期的大方向，油價與通貨膨脹會是支撐

金價的力道之一，但就中短期的波段而言，則要注意這個題材如何被運用，因為一旦消息面被炒熱，就有可能激發金價一波行情。能夠適當的調整長短期的分析方向，才不會被一些表面的因素干擾而誤判走勢。

　　而2009年市場更要考慮通貨緊縮與通貨膨脹可能交互出現的影響。許多人認為通貨緊縮對金價一定是負面的，其實，通縮在相當程度上代表黃金的部分需求會減少，但也顯示利率極低以及經濟展望很悲觀，金融市場表現也會不好，在另一方面會帶動黃金的防禦性與策略性需求，所以還要就整體的環境來考量。

戰爭

　　由於過去歷史背景的發酵，在台灣人的傳統印象中，戰爭常常與金價變化連成一線來做思考。

　　但是，戰爭背後所呈現的意義、戰爭的規模、戰爭的影響等因素，時常隨著所處的時代而調整，被賦予新的意義。必須要針對各種變化進行分析，不然就會出現判斷上錯誤。

　　舉例來說，第二次能源危機配合上伊朗人質與蘇聯入侵阿富汗的事件，造成全世界相當大的震撼，也是1980年把金價推上875美元天價的主因之一。但如果把時間向後推10年，

從1989年底開始，一連串的國際政治事件，包含：東歐打破鐵幕、波斯灣戰爭，到1991年蘇聯瓦解，還有1993年的南非種族暴動等，一再影響國際社會，但是國際金價卻並未依循眾人所習慣的傳統邏輯，展開美好的多頭格局，反而是在事件發生的初期立刻漲到滿足點，稍事盤旋後，即回檔收場。一般大眾未能考量到當時的國際局勢，已從冷戰走向後冷戰的一個大環境變化，國際金融市場目光集中在當時健康成長的經濟與投資的獲利，對戰爭的反應相當冷淡，反正沒有發生在我家就好了。從1989年以後，雖然戰爭或部分地區動亂也會造成金價短期上揚，但是其幅度越來越小，也就是說，影響的力量也日漸減少。

但到了2000年時，911恐怖攻擊發生，打破了後冷戰的局面，進入一個新的政治局面。911事件發生後，黃金市場的反應與波斯灣戰爭發生時很類似，當時的金價也是幾天之內快速由270美元上漲到294美元了，前後維持約1個月，又再回到原點，彷彿船過水無痕。但是，無論認為戰爭重要或不重要，多數人在當時並未能思考到這次事件結束後，國際政局新的趨勢又將開始。

舉例來說，從1990年開始，比較一下國際戰爭發生前後的金價變化。1990年波斯灣戰爭發生時，金價大概是在1個多月的時間內從350美元迅速來到接近420美元，這是因為戰爭

因素的加溫，使得金價有一波極為凶猛的漲勢，但約2個月之後就又回到了360美元。

到了2001年，911事件發生時，金價也回應了投資人對於戰爭的期待，迅速上漲24美元，但不到1個月的時間，這波熱潮便又迅速消退。這次上漲的最高點還不如當年5、6月份的前一波段來得亮麗。911事件發生之時，許多投資人依循舊思維，大量買進黃金，以為金價將會有一波戰爭走勢；結果事與願違，許多投資人買進黃金都在這波行情發生後的幾天之內，立即面臨套牢的慘劇。許很多人因此認賠殺出，但沒想到的是它的後續影響逐漸發酵，在第2年開始發威。

2002年，美國對伊拉克宣戰、四處搜捕賓拉登，恐怖攻擊的陰影籠罩全球，甚至連以色列與巴勒斯坦解放組織之間的緊張局勢、印度與巴基斯坦之間發生衝突事件都來湊熱鬧。後冷戰時期結束，象徵著過去民主、共產世界的衝突，已經改變成為美國與恐怖激進組織之間的長期對抗，或美國與回教世界之間的矛盾將日漸擴大，全球政治局勢讓人感覺到混亂。再者，當時的經濟發展不順利，美元下跌，全球低利率時代來臨，股市前景不明，投資人明顯感覺到經濟衰退的無力感。在以上因素的催化之下，金價就得以獲得支撐而逐步攀升。

但是，這樣的緊張局勢直到2004年，又有了新的轉變，

戰爭因素開始變淡，地緣政治不穩定的話題成為藏在心底的憂慮，隱約地支撐金價，大家又把目光轉向新興國家、能源價格、通貨膨脹等種種經濟因素影響。

戰爭能否對金價產生激勵，要先考慮幾個基本條件。首先是戰爭是否會造成全球立即性的危機。再者，戰爭會不會危及全世界重要的經濟活動，好比是中東的石油危機等。還有，戰爭是不是會造成投資大眾長期的不安，雖然戰火不一定會直接延燒到家門口，卻會造成所有人的不安。如果能夠符合以上條件的戰爭，對於金價的影響力就會大很多。以目前來說，地緣不穩定或衝突的話題應該是可以長期支撐金價的成長，例如，伊朗的核子武器發展、以色列與巴解及伊朗間關係的緊張、奈及利亞的軍事衝突、伊拉克的政治局勢、印度與巴基斯坦的情形等，都能成為階段性的熱門題材，也都數度被利用來拉抬黃金行情，但要以戰爭來點燃一大波金價漲勢，恐怕要有特殊的爆發性事件才能奏效。

其他貴金屬價格

貴金屬的價格通常會有相互影響的現象，主要的貴金屬包含：白金、白銀、鈀金等。舉例來說，2006年初期，美國證管會可能會核准白銀指數型基金（ETF）掛牌交易，由於

投資大眾預期這類ETF上市後，將會如同黃金ETF一般吸引大量的資金進入，而使原本就已有些供給吃緊的白銀產生更大的缺口，因而助長白銀因此大漲，果不出其然，由年初不到9美元直衝15美元，大約一季就飆了將近七成。這樣的熱錢也愛屋及烏地投入到黃金市場中，金價也被白銀所哄抬，在3月底突破盤整的局面，由535美元起漲，資金狂潮配合著如伊朗核武、奈及利亞不安、能源與原物料價格等題材，短短3週左右，衝抵645美元，漲幅高達二成。

　　如果注意貴金屬市場的投資人會發現，從2001年開始，主要的貴金屬價格都在狂飆，白銀從4美元漲至21美元，白金由400美元到2,290美元，而最晚起步的鈀金也由150美元爬升到590美元，全都是倍數以上的成長。而2008年它們也都從高檔滑落，白銀、白金、鈀金的高低價差分別達到了-60％、-68％及-73％，遠大於黃金的-33％。他們多頭背後的許多大格局因素是一樣的，但在不同的期間，會有輪替或互相拉抬的效果，例如，其他三種貴金屬主要都是工業使用占大部分，在景氣預期相當好時，容易在炒作上，大幅上漲，可是一旦經濟前景悲觀時，下跌幅度就會相當驚人，與金價間的關係，也就會因為時空的不同而調整。因此在分析金價時，也要瞭解其他貴金屬的行情。同樣地，也增加了一些額外的投資機會與選擇。

　　此外，貴金屬之間的「價格比」也是許多投資人會注意的資訊，這和前面提到的「金價／油價比」的概念有些類似，其實也就是各種貴金屬之間的價格互除之後的結果。這個比值並不是永遠的固定比值，這只能提供一個參考的資料。比方說，這幾年黃金／白銀比，約為60至70之間。假如看到比例下降至60以下時，可以預期金價上漲的機會較大或是白銀價格有些偏高，會有修正的可能。相反地，看到比值大於60至70，也許金價漲得較多，而銀價未動，或許可以預計銀價會有一波漲勢，也有可能是金價漲太多了，過一陣子，金價可能會下跌。這必須要有相當的經驗與功力才能操作，所以這比較常出現在期貨市場上，操作兩種商品間的交叉套利之用，而此也可以當作預測波段行情的參考指標。

商品、原物料價格

　　原物料的價格可以說是反映整體物價、景氣與通貨膨脹的一項參考指標，通常我們將它們通稱為「商品」（commodities）。「商品」包羅萬象，包含：貴金屬、基本金屬、能源、農產品等。當「商品」價格上漲時，可能是景氣看好、需求增加，但也可能有通貨膨脹的隱憂，對金價通常有正面的幫助。原物料的價格與金價之間，也存在一些

相關性。比方說，2001年以來，大多數「商品」價格持續上漲，非常多的基本金屬、農產品都頻創新高，甚至產生歷史性的天價，而這些價格背後其實隱含著很多相關因素，如通貨膨脹、新興國家的需求增加等，而2008年下半年當大家對經濟相當看壞時，這些商品的價格就大幅且劇烈的下跌。這些影響商品行情的因素往往也會牽動金價的表現。但是，假定原物料之間的價格互有漲跌、走勢不明的時候，則對於金價的互動關係就不見得那麼直接而明顯。

　　這對大多數的投資人來說，要去瞭解這麼多種商品的價格走勢實在是很麻煩，也不切實際，因此在本書稍早探討油價與通貨膨脹時所提到的美國的商品研究局指數（CRB index）可以當作一個還不錯又省力的指標。因為這個指標包含了19種主要「商品」，匯集成為一個指標，而且在網路上及許多分析報告上都可以找得到，對一般人來說，應該是當作大勢分析的一個較簡便的工具。當然，許多專業機構都編有商品類指數，各有其商品組合與側重之處，但一般投資大眾不見得很容易取得，所以就不多做介紹。不過，更重要的是，試著注意商品價格波動背後整體國際的大局勢，有助於掌握長期投資趨勢。

季節性變動

因為業務上的關係，經常有人問我：「金價有沒有所謂的淡季或旺季之分？」基本上來說，金價確實存在著季節性的變動。黃金交易的淡季多集中在每年夏天；而旺季大多在第四季到隔年1月間，通常到西方人的聖誕節前、印度的排燈節或中國的農曆春節前。近10多年來，約有7至8年，年底金價會上揚。

最主要是因為假期的送禮、裝飾使用。同時，第四季到過年前，也是許多國家如台灣、中國大陸、印度等國的結婚旺季，許多新人會選擇黃金飾品作為結婚裝飾與饋贈禮品之用，這也會造成黃金需求增加。

不過，一般的製造商都會提前購進黃金，大致來說，從每年的9月左右，購買量會在此時開始湧現。到了1至2月份，農曆新年結束後，整體黃金需求量會逐漸減少。

而每年的第二季會出現一波較小的旺季，但是這波並不明顯，主要是因為過完節慶，開始正常工作；印度會進入第二波收割與結婚季節；5至6月包含：結婚、母親節等活動，皆會提升金飾的買氣。金價的表現不若年底時的火熱，但仍有可能再創年度高點。

有時，第二季經過前一年第四季至第一季的高峰之後，

將進入盤整階段，所以金價也未必會比前一季來得高。

　　從第二季走向第三季，通常是黃金交易的淡季，一般而言，各國在這段時間裡並沒有相當重要的節慶以拉抬黃金買氣。再者，最重要的是，這時將邁入各國的旅遊旺季，非常多的交易商及投資人都會趁此時休假或旅遊，因此，國際金價在此時較少有買氣進入，進入淡季。

　　根據我觀察1980年代以來近30年的金價平均表現，通常第三季末到第一季初的價格較高，而第二季後半到第三季前二個月出現低價的機會最大，不過關於季節性的考量只能作為參考性質，絕對不能當成訂定投資策略時的唯一指標。

描繪2006年及2009年黃金分析地圖

　　其實黃金是一個全球化的商品，又有許多不同的功能，既是消費財，也是金融商品，更具有貨幣與保值資產的特性，加上在人類歷史上長期使用黃金所產生的情結，影響其行情的因素錯綜複雜，以上所介紹的只是常見而主要的原因，希望能夠幫助投資朋友們，在心中描繪出一幅藍圖，將來再閱讀媒體資訊時，能夠知道這些訊息的定位以及可能的影響，有助於黃金投資決策的訂定。

　　金融分析與操作與其說是一門技術，倒不如說是一種

藝術，可說是錯綜複雜、變幻莫測，所以每當別人稱我是專家時，都讓我愧不敢當，也因為如此，有句話與讀者分享：「市場沒有專家，但就每個波段來說，倒是有贏家和輸家。」而專家只要一不留神，也會成為輸家。面對市場種種因素，永遠要保持謙卑的態度。我也常和同仁分享對市場分析的觀念：「當我覺得一定對的時候，可能就要犯大錯了！」基本分析的原理並不困難，要能洞燭機先、掌握大勢，就需要長期經驗的累積。「沒有賠過錢的交易員，不可能成為好的交易員！」這是介紹了那麼多的金價總體分析因素後，要和大家共同勉勵的，只有持續的努力做功課，才能真正熟悉市場的變化，掌握趨勢的轉變。

談了這麼多影響金價的價格因素之後，在這裡做一個簡單的整理，讓大家更清楚現階段黃金市場整個基本大環境的狀況，由於在這裡不是要做經濟分析模型，所以利用一個簡單的表格來描繪一下這些因素。同時將上一版本中2006年的圖表保留，再加上2009年的預期狀況，讓讀者做一個比對與參考（請參見P.144至P.145）。

由2006年的表中可以發現，大趨勢上來說，環境對於金價的上漲是較為有利的。而這些正面的因素，合理的分析，應該還能夠維持許多年。在需求面來說，新興國家的成長對製造業的需求相當重要，而整體市場心理對投資性需求的影

響也是傾向看多金價。區域性的不安與衝突、能源及商品價格的普遍上漲，帶來通貨膨脹的隱憂，美國的雙赤字對美元長期的不利影響，主要國家股市成長不穩定，資產組合多元化，避險保值等需求再度抬頭，這些也都對金價的發展有所助益。

但全球的利率如果普遍回升，多少會給金價帶來壓力；而市場對新興國家的成長依賴很深，因此任何這些國家對經濟的降溫政策或是成長的不利變化，都可能衝擊金市的心理與實質的需求；而流動在整體商品市場中的大量錢潮的走向，更是我們必須留心觀察的因素。

而在2009年的表格中，不難發現許多的因素的影響都有些不太確定，所以大家的觀察就不太一樣。在基本面來說，供給對於金價是有利的，只要注意IMF出售黃金的消息面；但需求面在大環境的不利下，要注意消費與工業需求的變化，這與新興國家是否能盡快恢復成長及全球景氣的復甦有很大的關係。但就現階段來看，似乎不能太樂觀，但投資與理財的需求應該還能持續挹注。接近零的利率當然對金價有利，但當利率這麼低的時候，力量就開始有些不夠了，美元在短中期內還有維持強勢的可能，給金價相當大的壓力，但長期還是以偏弱的可能性居高。

‧2006年‧

價格因素		基本相關性	目前重要性	目前對金價的影響	備註
供給面	礦產	－	＊＊＊＊	＋	
	官方售金	－	＊＊＊＊	＋	
	回流黃金	－	＊＊＊	＋／－	留心高金價是否引發大量回售？
	生產者避險賣出	－	＊＊	＋	
	投資性淨賣出	－	＊＊	＋／－	
需求面	金銀珠寶	＋	＊＊＊＊	＋	觀察高金價對新興國家需求的衝擊
	製造業	＋	＊＊＊＊	＋	觀察中國大陸降溫政策的影響，以及新興國家之成長
	實體投資	＋	＊＊	＋	
	金融性投資	＋	＊＊＊＊＊	＋	注意市場資金流動與預期心理
	生產者避險買進	＋	＊＊＊	＋	
美元走勢		－	＊＊＊＊＊	＋	
美元利率及全球利率		－	＊＊＊＊	＋／－	觀察美國後續升息動作與全球利率是否走高？
股價		－	＊＊＊＊	＋／－	
油價與通貨膨脹		＋	＊＊＊＊＊	＋	
商品價格		＋	＊＊＊＊＊	＋	
戰爭與地緣政治		＋	＊＊＊＊＊	＋	
其他貴金屬價格		＋	＊＊＊＊＊	＋	
新興國家經濟成長		＋	＊＊＊＊＊	＋	觀察中國大陸降溫政策的影響，以及新興國家之成長
市場預期心理		＋／－	＊＊＊＊＊	＋	目前市場普遍看多
資產組合多元化趨勢		＋	＊＊＊＊	＋	

· 2009年 ·

價格因素		基本相關性	目前重要性	目前對金價的影響	備註
供給面	礦產	－	＊＊＊	＋	
	官方售金	－	＊＊＊	＋	注意IMF消息面的影響
	回流黃金	－	＊＊	＋／－	
	生產者避險賣出	－	＊	＋	
需求面	金銀珠寶	＋	＊＊＊＊	－	觀察新興國家經濟復甦狀況
	製造業	＋	＊＊＊	－	同上
	實體投資	＋	＊＊＊＊＊	＋	
	金融性投資	＋	＊＊＊＊＊	＋	
	生產者避險買進	＋	＊＊＊	＋	
美元走勢		－	＊＊＊＊＊	＋／－	上半年仍有反彈可能，注意反轉
美國及全球利率		－	＊＊＊	＋	
股價		－	＊＊＊	＋／－	
油價與通膨		＋	＊＊＊	－	注意通縮與通膨交替關係
商品價格		＋	＊＊＊	＋／－	
地緣		＋	＊＊＊＊	＋	
其他貴金屬價格		＋	＊＊＊	＋／－	
新興國家經濟成長		＋	＊＊＊＊	－	
市場預期心理		＋／－	＊＊＊＊＊	＋／－	
資產組合多元化趨勢		＋	＊＊＊＊＊	＋	

　　許多國際機構對於2009年金價的預期與觀察都有相當大的差異，樂觀者有看到1,600美元或更高的價位，但悲觀者也預估到300美元，其間的差距也真是多年難得一見。悲觀者主要是認為IMF會因為需錢孔急，而改變原計畫，大量拋出黃金，而景氣可能又無法在短期內復甦，將重擊黃金的基本需求。樂觀者則預期全球經濟與金融市場還有風暴會發生，許多主流資產與貨幣的價值恐大幅減損，黃金將脫穎而出成為亂世中的救世主。

　　如果排除兩邊較為極端的看法，大多數機構對2009年金價預估的範圍大體上落在600到1,100美元之間，對於全年平均價的估計也多在800至900美元之間，這似乎與2008年的狀況相去不遠，也符合一個震盪打底完成修正的格局。就讓我們拭目以待吧！

　　在深廣的全球市場中，要掌握所有的因素並不容易，此處所舉的也只是現階段一些主要因素的狀況，無法一一詳述分析的所有模式。而在時時變化的市場中，還是需要我們持續注意，隨時調整，才能順勢轉變，掌握趨勢，穩健獲利。

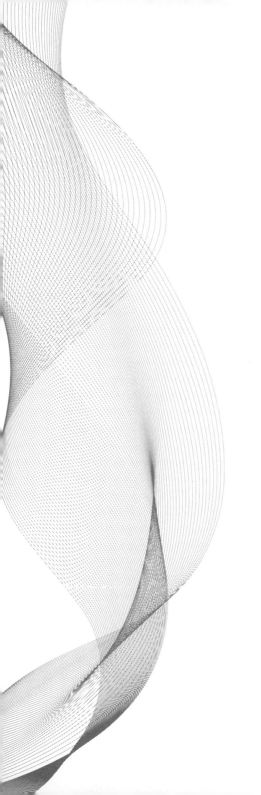

第四章
黃金商品

在這些年來與投資人的接觸中發現，一般人對於黃金相關商品的認識並不多。提到買黃金，大概第一印象就是買黃金條塊、金幣等。除此之外，或許還有人還會選擇購買金飾作為保值用。

在前文中，對於黃金在資產配置的功能與特性上，做了一些介紹，在這裡再提醒投資朋友們，在購買黃金以前，先想想幾個重點：買黃金的目的是什麼？為了這個目的可以投入多少資金？投資期間的長短、這筆資金可以使用的期間，以及能夠承受的風險等，這些因素都是必須考量的。舉例而言，有的投資人見到黃金行情不錯，想做短線的投資，但他卻選擇了單位成本較高、買賣價差較大、而且牽涉到儲藏、攜帶、鑑定等買賣上較不方便的黃金條塊；也有投資人長期看好金價表現，希望做長期投資，但他卻選擇了黃金期貨。當然期貨並非不能長期持有，但是長期趨勢雖然看漲，短期仍有波動甚至於下跌修正的可能，只要發生下跌，就可能會被追繳保證金，甚至1個月內被追繳數次。為了避免斷頭的風險，所以投資人可能會面臨四處找錢繳交保證金的窘境。這種投資策略雖然確定了金價的趨勢，但是卻忽略了價格的波動，而選擇了不適合的商品，使得徒勞無功。

再者，在投資黃金之前，一定要花些時間來瞭解黃金商品的相關資訊。還記得目前曾經向一名投資人說明過相關

黃金商品的特色與內容，但是這位客戶不待我把話說完，就直接衝口而出：「別說了，我只要確定黃金會不會漲！」結果，當他知道行情後，就頻頻點頭表示已經很清楚了，不需要再聽任何相關的解說。二話不說，立即撥了一筆鉅款進場購買黃金，結果在投資的過程中，這名投資人一直向我詢問有關產品的疑問，之後才發現因為這名投資人所選擇的商品，與他自己的目標不符，但卻貿然投入資金。還好，因為行情掌握得宜，沒有賠到錢。這也就是投資人往往不願意花心思瞭解投資標的，反而會造成操作上的困擾。

黃金相關商品的種類

我們可以將台灣常見到的黃金相關商品分成四大類：

1. 實體商品。也就是我們可以實質拿到的黃金，其中包含：黃金條塊、金幣與紀念性金幣。

2. 介於實體與現貨之間的商品。例如，黃金憑證、黃金存摺以及黃金撲滿。投資人只要藉由憑證或存摺，即可進行買賣，但如有需要時，還可以隨時轉換成實體黃金條塊或金幣等。

3. 非實體商品。此乃是以現貨金價為交易標的，採記帳為主，投資人所買進賣出的黃金都只存在於書面之上，無法

提領出來，也無法轉換為實體黃金。例如，本地倫敦金（Loco London Gold）與黃金帳戶都是這樣的商品。此外，還包含以投資金礦公司的股票為主的黃金基金及礦業類或資源類的基金。

4. 衍生性金融商品。也就是完全非現貨商品，例如：黃金期貨、選擇權、交換（SWAP）、權證等，而金融機構推出的組合式商品或結構式商品，通常也是將定期存款與黃金選擇權或其他黃金衍生性商品連結，也可以直接操作店頭黃金衍生性商品。至於這幾年開始受到大家注意的黃金ETF，種類相當多，有些是有現貨黃金準備，這是將現貨黃金證券化的一種方式，但要轉換提領出黃金非常困難，幾乎是不可能；有些黃金ETF則並沒有現貨準備，或者是操作衍生性黃金商品，這也是在投資且必須要了解的。

飾金

由於這幾年還是接到非常多詢問以飾金來當作投資或儲蓄的詢問，所以覺得有必要做一些說明。在國內購買飾金一般都是透過銀樓，廣義的銀樓除了一般大家常看到的傳統銀樓店面外，還包括：珠寶公司、飾品店、百貨公司專櫃等，大多是採銀貨兩訖的交易方式，由於不屬於投資性商品，在

此也就不多做贅述。

　　但想要特別提醒的是，許多人購買飾金，除了當作裝飾之外，也將其視為投資的一種方式。過去總以為只有長輩們才有這樣的想法，但這些年與許多投資朋友接觸後發現，許多年輕族群也有這樣的想法。一般而言，飾金在購買時，會有比較高的工資、設計等費用，但在回售給銀樓時，又會將這些費用剔除，同時銀樓回收的飾金如果不是品相良好且符合時下潮流的話，會因為不能夠立刻再銷售，通常採回收重新鍊鑄，這又牽涉到資金成本與其他的費用，所以會再扣下比較大的價差，一來一回經常在一成以上，如果飾金上還鑲有並非名貴的寶石，或僅是一些細小的碎鑽等，這些寶石在購買時要計算價金，但賣回時可能就一文不值，價差就會更大，所以最好還是以純粹消費的觀點來持有飾金。當然，有些人的想法是，如果發生重大的政治、經濟動盪，金融市場乃至貨幣都大幅貶值時，飾金可以拿來當作交易媒介，這是屬於安全性上考量，那麼，就儘量選擇不要太過於時尚、設計太繁複等的飾金，可以降低相關的費用，負擔的交易成本會較低一些。但縱使有這樣的安全上的需求，而一定要將現貨黃金寶存在身邊，只要沒有裝飾性的需要，可以持有小規格的黃金條塊或金幣較為合宜。

黃金條塊

台灣投資人買賣黃金條塊的歷史可說是相當悠久。黃金條塊所包括的範圍頗廣，在實務上，可分為條、塊、片、錠（例如：一般的金元寶）四種形式。早期的台灣市場主要以台兩或台錢規格的片狀、錠狀黃金為主；之後，港兩規格的港條進入本地市場，其中又以5港兩條為大宗，所以有很長一段期間國內的市場重量規格以台兩與港兩並行。1988年，中央信託局開始引進以公制（公斤、公克）為度量單位的國際標準規格條塊產品進入市場。由於早期是以國際知名的瑞士條塊為主，所以也有人將其稱為歐洲條或瑞士條，事實上，國際主要市場都有通行的公制條塊流通。

全世界交易條塊的習慣已逐漸走向以公制單位為主，縱使英制規格（盎司或英兩，troy ounce）的條塊，其通行程度也較過去式微。假如我們希望手中持有的實體黃金條塊，是可以在全球主要市場普遍流通接受的，在我們購買黃金時，就必須儘可能用公制或英制計重單位的規格為主。假設投資人持台兩或港兩的黃金條塊出國變現時，可能會被當成需要精煉重鑄的回流黃金或原料看待，因而被扣收相當高的價差，在某些國家還可能發生求售無門的情況。

此外，也必須注意持有的黃金條塊品牌，意即是出自哪

個精鍊廠。例如，台灣某些銀樓只收取自家銀樓所賣出、製作的條塊，對於其他銀樓或工廠所鑄造的條塊則會拉大價差或婉拒。而國際上的流通黃金條塊多以有品牌的為主，這些品牌主要是以倫敦金銀條塊市場協會（或稱倫敦黃金市場協會，London Bullion Market Association, LBMA）所認證的精鍊廠（目前有60家左右）與黃金檢驗機構。投資人必須確定所購買的黃金條塊，是出於這些精鍊廠所製造的。這些精鍊廠所製造的條塊，絕大多數是以公制或英制單位計量，但是也有例外，臺灣銀行也委託瑞士銀行的精鍊廠製造台兩規格的黃金條塊，以因應台灣市場的需求。另外，由於印度地區的黃金需求極大，許多國際精煉廠也會鑄造印度兩（tola）條塊；不過，此類商品僅可在某個區域內通行，在國際間的流通性仍屬不佳。

引述一個實例來說明，許多將來可能會移民的投資人，在他們購買黃金條塊的同時，我都會建議買進以公制單位計重的國際流通品牌產品，將會有利於移民國當地進行變賣。但是，許多人仍堅持己見，買進5台兩、1台兩為主的產品。結果到了移民當地，卻發現難以出脫手中黃金，甚至有人抱黃金回台販售變現。

西方國家的金銀相關零售業不若台灣發達，在美加、澳洲等地的零售業因為幅員廣大，就在生活鄰近的城市裡，很

難找得到精鍊廠，將顧客手中的台兩條或港兩條進行熔化精煉或重鑄。所以西方國家的金銀零售業者通常會拒絕收受公制以外重量單位計價的黃金條塊。

每個國際條塊都有固定規格，除了重量計算之外，在條塊上頭的標示也是固定的形式。以重量1公斤上下為界，可分為兩種標示法。小於1公斤的條塊必須清楚且完整標示鑄造者的品牌、檢驗機構的標章、出廠序號、成色（最少九九五以上）與重量等內容標示。另外，最好再附上原廠證書，如此一來，就可以方便於國際流通。

而1公斤以上的黃金條塊，由於較少為一般投資人所會持有，它的標示與低於1公斤的條塊不同，通常會具備有精鍊廠的品牌、檢驗機構的標章、出廠序號、成色等。但因為大型條塊多採灌模鑄造（casting）的方式生產，難以控制重量達到100%精準，因此大多不標示重量。同時，大型條塊也不會有個別證書，取而代之的是「碼單」（Bar list），會在上頭記載毛重、淨重、成色與序號等資訊。

在此，舉個很有趣的例子來說明原廠證書的重要性。曾經有一位投資人臨櫃購買瑞士黃金條塊，在完成購買行為之後，櫃台人員依例將該條塊所隨附的瑞士原廠證書交給投資人，但是此時那名投資人卻發生質疑，說道：「你們怎麼沒給我證書，一般銀樓都會給我證書！」當時，櫃台人員告訴

他，手中拿的瑞士原廠證書就是真正的「證書」。但是投資人仍十分氣憤地說道：「這不是證書。這個不具任何保障，一定要貴行所開立的才有保障。」這樣持續的爭執，直到櫃台人員請投資人保留買賣當時記載一切購買資訊的發票，才算告一段落，而此並非個案。

當我們在購買實體黃金時，還要注意單位成本的問題。在前文曾經分析過，通常規格越大，單位成本越低；規格越小，單位成本越高。一般實體條塊的處理費用很高，其中包含有：精鍊、分割、熔鑄、包裝、運送、保險、倉儲等成本，形成規格越小，相關成本越高的現象。例如，我們拿一條1公斤的條塊與一條1台兩條塊的單位成本做比較，可以發現當我們將1公斤條塊的價格除以26.67，換算成1台兩的價格，將會比一條1台兩的條塊便宜。假如是基於投資獲利的基礎而言，投資人的財力足夠，最好是儘量選擇購買財力可負擔的最大規格的實體黃金，這將可使投資實體黃金的單位成本降低，買賣價差也會縮小。但是，假如因為擔心戰亂發生、通貨膨脹等避險性需求較高的投資人，建議購買規格較小卻單位成本高的實體黃金，便於攜帶，易於變現，因為此時獲利已經不是主要的考量了。

不過，由此又可以衍生出另一個問題，也就是價格波動敏感度。即是當國際金價波動1美元左右，以1公斤的黃金條

塊來說，其價格能夠反映接近1美元的波動，但是規格較小的黃金，如1台兩條塊的金價也許只會反映6、7毛錢左右。這顯示出規格越小的黃金，對於國際金價的漲跌反應程度較差。

國內的投資人可由臺灣銀行，取得當天條塊的掛牌價格，另外銀樓也會提供這樣的資訊。臺灣銀行網站上於每天早上9時，會依公制、台兩、盎司等規格的黃金一一掛出牌價；而一般銀樓大多只有提供台兩或台錢的黃金掛牌價。

貼心小叮嚀

投資小常識

在此做一提醒，有時投資人會在報紙上尋找黃金牌價，但是要特別留意的是，報社在記者截稿前所取得的黃金牌價，對於發報當天的閱讀者而言，是「昨日」牌價，至於報紙上所登載的國際金價，也通常是前一天傍晚以前的國際市場價格，大多情況下會是亞洲地區最後的交易價格或是歐洲地區中午以前的報價。

但許多投資人不了解這種時間上的差異，經常拿著報紙，質疑銀行當天的牌價不確實，沒有反映國際價格，或是報價為什麼與報紙上所刊載的價格不同，堅持要依報紙上的價格買賣。在我從事黃金相關業務這麼多年的歲月中，接過許多如是的質疑與責難電話，甚至有客戶向主管機關申訴，認為我們操縱牌價，即時費盡唇舌解釋，但仍然有人表示不能理解與接受，實在令人覺得好氣又好笑，卻也無可奈何！

　　國內投資黃金條塊的管道，第一就是銀行，目前只有臺灣銀行完全承作買賣現貨黃金的業務。國內另有兆豐銀行承作黃金存摺與少量的黃金條塊、花旗銀行承作美元黃金帳戶的部分，而黃金存摺也可以轉換成實體黃金。其他還有一些數量不多的代銷銀行，但多以代銷金幣為主。此外，其他管道還包括貴金屬公司與銀樓。大致來說，一般的黃金條塊回售的部分，臺灣銀行只接受投資人在本行購買，但未提領而委託保管的黃金回售，不接受外來條塊的回售。但是，臺灣銀行仍接受另一種特別條塊「千色幻彩條塊」（難以偽造）的回售。在保存原購買發票及條塊保存完好的前提下，可以接受千色幻彩條塊的回售事宜。

　　買賣條塊會有運送攜帶危險、保管不易、回售困難、成色不足或誤買到非原廠製造的風險，這也值得投資人注意。

　　另外，投資黃金條塊的成本較高，此時投資的獲利可能會被侵蝕。再者，實體黃金的進入門檻較高，也可能會使投資效益減少，不利於進行投資獲利。較為適合具有強烈避險需求、想要長期持有或有稅負及資產規劃想法的投資人。

金幣

　　金幣是許多投資人喜愛的黃金商品，但要能稱之為

「幣」（coin）的條件是必須具有法償資格（legal tender），即國家在法律賦予其具有償付其價值的資格；簡言之，就是國家賦予該幣面額。但是，世界上有極少數的國家也發行具法償資格的無面額錢幣。若未具有法償資格者，便稱為「章」（medal, medallion）。台灣投資人相當偏好具有面額的「幣」。其實在歐美國家的交易市場上，有些不具面額的「紀念章」也常是投資人喜愛的商品。

金幣的種類繁多，但就台灣市場常見的金幣，可以簡單分為兩種，分別為一般的投資性金幣與紀念性金幣。

1.投資性金幣

投資性金幣（bullion coin，直譯為條塊式金幣）的性質與條塊相當接近，但是投資性金幣會比條塊多了一筆鑄造的費用。這種金幣除了國家政府賦予貨幣性的價值外，最主要的是，每年由該國的國家鑄幣單位經常性的鑄造發行，通常不會有限量。投資性金幣的價格與國際金價呈現大致固定的比例關係，這個比例取決於鑄造、運送與倉儲等一定比例的費率。以台灣而言，兩者大致保持在5至20％之間的等比差。現今最大的規格為1公斤，最小的是1/20英兩。其中較為人所知的品牌有澳洲「鴻運金幣」、加拿大「楓葉金幣」、美國「鷹揚金幣」「水牛金幣」、奧地利的「維也納愛樂金

幣」、英國的「皇家金幣」與南非的「富格林金幣」等。

　　由於金幣本身的鑄造過程較為繁複，在防止偽造方面，明顯比一般的條塊來得有利，在流通性方面也不錯。不過，由於金幣的外型較為討人喜歡，所以除了一般投資人當作投資之用，也有不少的民眾會採購金幣收藏或送禮。舉例而言，台灣的藝文從業人士時常購買奧地利出產的「維也納愛樂金幣」饋贈親友，既能搭配特殊身分，又能襯托非凡氣質。而鴻運金幣則因名稱響亮，又每年變換設計，相當受到年節贈禮者的青睞。至於楓葉金幣則因鑄工精美，也有許多的愛好者喜歡購買。

　　早年，金幣也有裝飾的功能。許多民眾會購買規格較小的金幣，來鑲墜或串成手鍊達到美化的效果。也有些商人會將金幣製作成錶面，銷售金幣錶，也曾經風行一時。還有人將金幣當作居家或公司擺設，或是購買規格較大的金幣當作文鎮等，這都是金幣的附加功能。

　　此外，在美加、歐洲等西方國家，由於一般人投資現貨黃金的管道並不像臺灣便利及多元，許多人會購買金幣當作儲蓄或是投資組合的一部分，像2008年金融風暴之後，很多西方國家的金幣都賣到缺貨，鑄幣局由於生產線吃緊，也採取限量及限規格供應的方式，甚至有些西方人以電子郵件、電話或親自到臺灣銀行詢問外國人購買金幣的相關事宜，這

是臺灣投資人較少注意的地方。

金幣與條塊的銷售管道大致相同,但是承作代銷金幣的銀行會比較多。

在投資金幣的過程中,要留意千萬不可損壞其原有外貌(品相),投資人應避免將其所附的塑膠外殼或保護膠套脫去,以免造成黃金氧化、沾染水漬等的危害。假如所持有的金幣屬於精鑄幣時,要注意不要用手直接碰觸金幣的表面。手指的熱度與汗水結合之下,輕輕地在金幣上碰觸,將會造成錢幣表面的損害,甚至會在表面留下指紋。

2.紀念性金幣

有別於一般的投資性金幣,紀念性金幣的發行過程通常是一個國家政府因著一個特定事件或特定主題來發行。同時,在發行紀念性金幣方面,多是一次性、限量性的發行,例如,奧運紀念金幣或國內所發行的生肖紀念金幣。因此,紀念性金幣的價格會相對偏高,大致為標示出來的黃金含量價值的2至5倍左右。

假設投資人要投資紀念性金幣,有幾點需要注意。購買紀念性金幣時,必須承受較高的價格。至於賣出時的價格,則視市場性而有很大的不同。在國內市場上,紀念性金幣第一次銷售的初級市場,通常是銀行、中華郵政公司(郵局)

或少部分錢幣商，但其後買賣的次級市場即進入了錢幣收藏的市場中，主要是以錢幣商或俗稱的郵幣社為主，價格則取決於所具有的話題性、稀少性等因素，如果市場認為紀念性金幣很有收藏價值，價格可能會漲好幾成甚至於幾倍。反之，可能求售無門，或是只有回收原料的價格，所獲得的賣價，往往與當初的買價相距甚遠。

不過購買紀念金幣的客戶，許多並不是以投資為目的，送禮、個人喜愛把玩、裝飾擺設等都是可能的原因，因此許多的紀念幣設計及包裝非常精美，以吸引不同目標的買家，所以在購買前，要先想想自己的主要用途，才能夠選擇適合的商品。

影響紀念性金幣本身價值的因素有幾個重點：

第一，主題一定要突出。在某些區塊中具有普世價值，例如，奧運紀念金幣之於全世界；生肖紀念金幣之於華人市場。

第二，設計一定要能反映主題。例如，日前曾經發行過相當受人歡迎的狗年紀念幣，設計中以台灣土狗為主，反映台灣本土精神；再者，公狗守護在家人旁，更顯雄性威嚴；整體畫面中，以四隻狗來象徵現今台灣社會的家庭人口數多為四人的主流意義。而雞年紀念幣中的一對公母雞加上六隻小雞的設計，不但構圖鑄工精

美，這一對成雞、六隻小雞，總共八隻雞的家庭，更
有一路發的諧音與台語「起家」的寓意，受到市場廣
大的歡迎。

第三，鑄工是否精細。鑄工的精細程度與否也會影響收藏市
場對價值的鑑定，特別要求鑄工能表現主題與設計
感。

第四，發行的數量。對於紀念性金幣而言，數量當然是越少
越好，也越能提升價格。但是也要注意，當發行區域
較大，而相對發行數量較為稀少時，將會使其稀少性
效益更形發酵。

第五，行銷策略。在紀念性金幣發行之後，所搭配的行銷策
略對於金幣本身價值是否有提升的作用。

第六，設計師名氣。著名的設計師所設計的紀念性金幣往往
也具有增值的效果。

第七，鑄幣廠。通常來說，由國家級鑄幣廠所鑄造出來的紀
念性金幣會比民間所鑄造的，更具收藏增值的空間。
但是有些歐洲的私人鑄造廠所生產的紀念性金幣，由
於質量過人，價格不容小覷。

第八，血統。舉例來說，最理想的狀態是，該紀念幣的主題
是美國亞特蘭大奧運，由奧委會授權，美國政府授與
美元面額，美國國家鑄造廠鑄造及負責行銷事宜。包

含：主題、鑄造過程與行銷都屬於同一個國家所完成。這時紀念性金幣的價值較高。反之，若由甲國的某家私人公司找個乙國的主題，至丙國政府取得貨幣發行授權，再由丁國私人鑄造廠進行鑄造紀念性金幣的工作，然後再運回甲國販售行銷。如此「血統不純正」的紀念性金幣價格將很難抬升，但如果是送禮、擺設或個人喜好則另當別論。

第九，系列性。以生肖金幣為例，當然是12年的紀念幣都一一擁有，才會產生最大的價值。投資人必須關心這個鑄造廠是否連續12年都有發行，或僅其中1年發行一套後，便銷聲匿跡。

結合上述的第八項與第九項影響紀念性金幣價值的因素來說，最糟糕的狀況是，甲國某一廠商連續12年都販售特殊紀念性金幣，樣式上可合為一整組。但是，其中光是貨幣發行授權就找了五、六個國家以上，也許還換了七、八個國家的鑄幣廠鑄造。一般投資人就算收全了十二套，但是由於血統過於複雜，恐會使得紀念幣價格大大減損。

紀念性金幣確實具有可投資性，但是，在進行投資的過程中，投資人必須要有耐性等待時間來加以發酵。在這期間，也要注意上述幾個可能影響價格變化的重點。

貼心小叮嚀

送禮自用兩相宜的金幣

金幣的流通相當理想，無論是我們所熟知的美國「鷹揚金幣」、澳洲「鴻運金幣」、加拿大「楓葉金幣」與奧地利「維也納愛樂金幣」等。上述金幣的價值與國際金價永遠都存在著大致等比例的關係，在主要國家也都有公開報價。由於金幣具有送禮自用兩相宜的特性，因此在黃金交易市場上，金幣一直都是相當熱門的商品之一。

1990年左右，當時台灣經濟處於迅速起飛的階段，民眾財富正在快速累積中。假如各位還有印象，美國政府為推廣行銷美國的「鷹揚金幣」，所拍攝一系列的宣傳影片中，有個美國人，每個月都買一枚金幣放到保險箱，這個動作一再重複。不過，無巧不成書，澳洲當局行銷「鴻運金幣」的宣傳影片中，也出現了類似的場景與情節，這點讓我印象相當深刻。但是這兩個宣傳影片所傳達出來的投資觀念相當保守，也讓我覺得很錯愕，甚至還認為，為什麼美國、澳洲這些先進國家也會有如此保守的投資觀念。後來經由與其他同業分享才瞭解，由於這些金幣是全世界通行的，在很多國家都可以輕鬆找到公開報價，因此，不會有人會在中間擴大價差。當經濟前景一片看好之時，投資金幣則是一種未雨綢繆的行為，因為當有風險發生時，會需要一個最有價值，並能保障所有資產的交易工具。很巧的是，這些同業的選擇不約而同，都是金幣。

黃金憑證

　　何謂黃金憑證？黃金憑證可以視為一種「保管憑證」、「債權憑證」。做法是，客戶到銀行購買實體的金塊或金幣後，不將實體黃金帶走，而是委託銀行保管。銀行在接受客戶委託保管時，必須開立憑證給客戶，此即為「黃金憑證」。根據臺灣法令的規定，銀行辦理黃金業務開立給客戶的憑證，必須是記名、不可轉讓。因此，銀行在開立黃金憑證時，須詳細登錄客戶購買的日期、重量、規格與成色，必須清楚知悉此憑證屬於那一客戶，因此，客戶必須提供身分證件、簽名、印鑑，以便日後提領或回售時的作業。

　　投資人選擇「黃金憑證」的好處有哪些？第一，免除在購買實體黃金條塊後需自行攜帶、儲藏保管的困擾，將失竊、遭搶奪的風險轉由銀行承擔；第二，如果投資人選擇自行保管實體黃金條塊，以後如果想要回售給銀行，需經過鑑定，不但麻煩且容易產生爭議。只是在實務上，雖然銀行推出黃金憑證等商品，台灣投資人在購買實體黃金後，仍然偏好自行保管。

　　此外，台灣投資人選擇自行保管黃金，往往出於以下幾種原因：將黃金當作飾品、禮品；對政經情勢的不安全感；資產規劃以及節稅的考量。

目前國內能提供黃金憑證的單位，仍只有臺灣銀行，稱為「黃金發貨單」。即顧客買進黃金條塊或金幣後，其所有權屬於客戶，但委託銀行保管。至於在國際上，則有相當多銀行在發行黃金憑證，這些黃金憑證則可分為實體與非實體商品兩種，非實體的黃金憑證，是以書面記帳為主，並沒有實體的黃金條塊保管在庫房中。所以如果購買國外的黃金憑證要注意其性質，更要注意往來銀行的信用，千萬不要購買來路不明的黃金憑證，以免遭到詐騙。至於國內金融機構，目前並無法代售國外的黃金憑證，需要的投資人得要自行洽商才行。

想要投資國際黃金憑證時，須注意哪些事項呢？

第一，如果可以，盡量親自、直接向外國發行黃金憑證的銀行進行交易。同時，因為對於黃金條塊的購買規定，世界各國法令並不相同，例如，美加地區並未開放個人可購買黃金條塊，所以必須瞭解該銀行的所在地，是否合法開放黃金憑證之買賣業務，該銀行又是否可以合法辦理此業務。

第二，國際間偽造的黃金憑證相當多，兜售的掮客也不少。如果有來路不明的黃金憑證，必須再三注意。例如，該憑證如註明由東南亞國家所發行，便需特別謹慎。因東南亞地區除新加坡（新加坡是東南亞重要的黃金轉運中心）、澳

洲之外，其他地區有偽造的黃金憑證。在實務操作上，就曾經看過顧客透過關係想要購入東南亞地區的黃金憑證，雖然是由知名的國際銀行所發行，不過因為購入價格相當便宜，一經查證，結果是有問題的憑證。

第三，瞭解所購買的黃金憑證，這些實體黃金是由該銀行持有，或委託其他銀行保管，或者是僅為記帳的紙黃金。

黃金存摺與黃金帳戶

黃金存摺是為了為解決實體黃金條塊攜帶、儲藏保管、回售，進場門檻又高（黃金條塊規格較高）、價差較大的不便與缺點，而針對大眾投資人需求，將現貨黃金紙上化所開發的黃金投資商品，可說是獨步全球的設計。目前國內僅有臺灣銀行與兆豐銀行辦理黃金存摺業務。有關黃金存摺相關的內容，在附錄有較為詳細的說明，在此就實體黃金在買賣時的不便，說明黃金存摺有以下幾項優點：

第一，以存摺方式登錄，免去客戶自行保管的成本；再者，黃金存摺的最低單位為1公克。原則上，實體黃金的規格越小，單位成本越高。但在黃金存摺中，銀行負責集中保管黃金，但將交易單位降低成1公克，乃是因為假設大多數的購

買者都是以投資為主，並不會轉換為實體黃金，所以由銀行先吸收了大部分的單位成本，讓客戶可以享受低門檻、低價差、小規格的投資方式，可說相當便利於投資大眾。

第三，是便利的開戶方法。開立黃金存摺的方法與開立一般活期存款相同，僅需雙身分證件、印鑑或簽名與開戶手續費新台幣100元。

第四，主管機關規定銀行開辦黃金存摺業務時須有100％準備，經常接到的詢問就是「黃金存摺是不是買空賣空？」、「黃金存摺可不可以換黃金？」等，事實上，在銀行穩健的經營與信用下，客戶的權益受到完全的保障。

銀行目前對於黃金存摺開立後的其他附加功能有：

1.網路交易：臺灣銀行提供黃金存摺單筆與定期定額網路交易，只要在臺灣銀行開立有新台幣活期性或綜合性存款帳戶，並設定與本人黃金存摺帳戶可相互轉帳，同時也申請了網路銀行服務，就可以在透過網路銀行從事黃金存摺買賣、異動申請、帳戶查詢、損益試算等服務，相當的方便。兆豐銀行也在2008年起提供黃金存摺網路單筆交易功能。

2.電話交易：黃金存摺首次開戶時，同時開立新台幣活期儲蓄存款戶頭，並填寫電話交易授權書、設定密碼之後，便

可透過電話由該戶頭中進行黃金買賣。

3. 定期定額投資：適合想進行小額長期投資黃金之投資人。方式是投資人每個月可選擇1天至最多3天（分別是每個月6日、16日、26日），扣款進入黃金存摺中。定期定額戶最少扣款單位是3,000元，以每千元為增加單位，每次投資時收取手續費新台幣100元。臺灣銀行對於經由網路銀行申辦定期定額投資的客戶，每次扣款時的手續費減半為50元。

4. 黃金撲滿：將在下一節專門說明。

5. 不同帳戶間可相互轉帳。常見父母／子女間開立黃金帳戶以作為理財工具，但贈與額度仍受法律限制。

如果想要把黃金存摺轉換為實體黃金商品，應注意幾點事項：

1. 銀行因採取集中保管並且假設在一般狀況下大多數存戶不會轉換黃金商品，所以先吸收黃金商品的部分成本，但當存戶要將黃金存摺轉換為實體黃金時，銀行必須適度反應成本，所以會根據不同規格與種類的金品要求補繳差額。

2. 根據目前的法令規定，黃金存摺是沒有利息收入的。

黃金帳戶與黃金存摺比較表

差異	黃金存摺	黃金帳戶
計價幣別	新台幣	美元
最低購買單位	1公克	10盎司（約311.1公克）
發行銀行	臺灣銀行、兆豐銀行	花旗銀行
開戶費用	100元。 網路銀行申請可免費	無。 但若新台幣及外幣帳戶內月平均餘額未達新台幣25萬元，將扣收500元帳戶管理費
購買方式	國內任何自然人、法人及有居留證的外國人皆可以新台幣購買	必須在花旗銀行開立新台幣活存與外幣綜合存款帳戶，從該帳戶再撥款進欲開設的黃金帳戶。美國公民或具美國居留權者不能購買
交易方式	1.臨櫃交易：現金或新台幣存款帳戶 2.網路交易：需新台幣存款帳戶及申請網路銀行。電話語音交易：需新台幣存款帳戶 3.黃金存摺定期投資（需新台幣存款帳戶）：於每月固定日期，扣取固定款項（最少新台幣3,000元），買進黃金存入帳戶 4.黃金撲滿：詳見下一節	1.臨櫃交易（需外幣帳戶） 2.電話語音交易（需外幣帳戶）
交易時間	9:00-15:30	9:00-11:30
帳戶間轉帳	可	不可
轉換黃金商品	可，共有11種規格的黃條塊、幻彩條塊及金幣	不可
利息	無	無
質借	可	不可

註：本表格有關黃金存摺部分係以臺灣銀行的規定為主要參考，且相關規定常有修訂情形，有關細節仍應洽各銀行辦理。

　　國內的花旗銀行也推出黃金帳戶，許多投資人常常問到與黃金存摺之間的差異，也常見到某些媒體或是國內金融機構把兩者當作是相同的商品，為了簡單的說明，特別列出上頁表格讓大家參考，但詳細的內容還是要洽銀行了解相關作業規定。

黃金撲滿

　　黃金撲滿是臺灣銀行為了使大眾投資人有更方便平均成本與分散風險來中長期慢慢累積與持有黃金，不必經常守著行情變化判斷進出時機，在2008年12月所推出的一項新種黃金服務。

　　黃金撲滿的基本概念就像是在撲滿裡頭存錢一樣，每天存一點零錢，日積月累就是一筆可觀的財富。對於有固定利息收入、想要小額累積黃金、中長期持有黃金、為晚輩存一些資產、增加防禦性資產配置等的投資人來說，都是相當適合選擇。

　　黃金撲滿用最簡單的方式形容，就是「月初扣款、每日買進、月底入帳」。與銀行約定每個月初自新台幣帳戶中扣下一筆金額，由銀行將其平均分配到當月每一個營業日買進黃金，在月底最後一個營業日再一整筆轉入黃金存摺的帳戶

內。有關買進的範例,在第二章有詳細的說明,這裡則是將黃金撲滿的內容再解釋一下。

1. 申請資格:國內任何自然人、法人及有居留證的外國人皆可申請,但必須先在臺灣銀行開立黃金存摺以及新台幣活期性或綜合性存款帳戶。

2. 交易門檻:每月最低買進黃金金額為新台幣3,000元,可以1,000為單位增加,沒有上限。

3. 扣款方式:每月第一個營業日自約定的新台幣帳戶一次扣取當月份約定購買黃金的金額。

4. 買進黃金:將當月份約定每進金額平均分配於每一個營業日購買黃金。每天所買進的黃金因為數量很小,所以計算到公克以下小數第四位,將第五位四捨五入。此外,在營業日的計算方面,例假日、國定假日、遇颱風等事件以及銀行停止營業等都不算營業日,要特別注意的是,如果遇到星期六補上班時,因為國際黃金市場並無交易,沒有可以參考的價格,銀行及投資人雙方都有不確定價格風險,所以也不計入營業日。例如,2009年1月10日及17日兩個週六分別要補元旦及春節假期而上班,就不計入營業日,所以當月份只有15個營業日。

5. 適用價格:以每個營業日黃金存摺第一盤的賣出牌價購買黃金。

6. 黃金入帳：在每個月最後一個營業日，將當月份所購買的黃金彙總一筆存入存戶的黃金存摺帳戶。黃金存摺帳戶與新台幣存款帳戶均必須為存戶本人的帳戶。每天所購買的黃金是計算到公克以下小數第4位，到了月底加總後，再計算到公克以下小數第2位，將第3位四捨五入後入帳。例如，當月份總共購買了10.5678公克，入帳的數量就是10.57公克。

7. 明細查詢：可透過網路銀行查詢最近13個月內每個月每個營業日買進黃金的明細，不收取任何費用，但若臨櫃申請明細列印，則每份要收取新台幣100元的費用，其實，可以將黃金存摺補登列印，明細就一目了然。

8. 帳戶中黃金的運用：黃金必須在月底入帳後，才能夠做回售、轉換黃金商品、轉帳到其他黃金存摺帳戶以及質借等業務。

9. 可轉換的黃金商品：目前有11種規格的黃金條塊、幻彩條塊、金幣等可以轉換，可參考第一章。

10. 申請、變更、取消等的生效日：新申請黃金撲滿、變更指定帳戶、扣款金額、乖離率等、取消黃金撲滿等，必須在買進月份的前一個月最後一個營業日營業時間截止前完成，才能在買進月份生效。所以，一旦月初開始扣款後，在當月份中就不能夠變更或中止買進條件，如果有任何變

更或取消，必須自下一月份生效。

11.各項費用：

 A.申請費用：透過臺灣銀行網路銀行申請黃金撲滿免申請手續費，但若是臨櫃申請則要支付新台幣100元的費用。

 B.作業處理費：每個月第一個營業日扣款時，同時收取作業處理費，臨櫃申請者是每一買進月新台幣50元，網路申請者只收25元，算起來每個營業日只有1元多一些的費用。

 C.變更手續費：每項變更申請若是網路申請均免費，臨櫃申請收取新台幣100元。

 D.扣款失敗處理費：每次扣款失敗均收取新台幣100元，扣款失敗時會以電子郵件通知存戶，連續3個月扣款失敗就視同終止黃金撲滿的申請。

12.乖離率：可以選擇設定最多6層的乖離率當作自動變更投資金額的機制，詳細解說請參考第一章。

 臺灣銀行也不斷的聽取客戶的意見，做各項改進與修正，例如：減免費用、營業時間等，以上只是在本書撰寫時大致的作業規範，所以詳細的情形還是要以辦理時所詢問的為主。

本地倫敦金

「本地倫敦金」對大多數國人來說是相當陌生的名詞，「本地」指的是交割地、交貨地。顧名思義「本地倫敦金」指將帳戶開設在倫敦，並在倫敦完成交割、交貨的黃金。

這個制度由名稱看來就是起源於倫敦，是最早的國際黃金交易中心，許多的金礦會將所生產的黃金運送至倫敦銷售，也有許多買家要到倫敦購買黃金運送到其他地方，因此發展出本地倫敦金的報價方式，也就是所有買賣的價格都是以在倫敦交割或交貨為基礎報價，如果黃金的來源地或交貨地在其他地區，就只需要加上兩地之間的運輸、保險、倉儲等相關費用。此外，本地倫敦金的交易標的是指成色千分之995、重量約400盎司（約12.5公斤）上下的大規格黃金條塊（俗稱金磚），而且是以記帳為基礎的非指定帳戶（unallocated account），這也是倫敦市場最重要的交易基礎。所以如果需要的黃金標的不同，例如，改變為成色千分之999.9、重量1公斤的實體黃金條塊等，那就得另外再加上精煉、鑄造等相關費用。

看到這裡，讀者應該有點暈頭轉向了。沒關係，倫敦市場已發展出一套簡單的方法，就是把這些費用通通加在一起叫做溢價（premium），只要告訴交易商所需要的條件，他就

會在成交的現貨金價外，再報一個溢價費用，如此一來，交易就完成了。

本地倫敦金就是以上述的非指定帳戶為交易標的，買賣帳戶中的黃金。目前國內合法承作「本地倫敦金」的單位只有臺灣銀行，而對於「本地倫敦金」所設立的基本投資門檻是100盎司（在倫敦的進場底線是1,000盎司，在臺灣銀行則將之切割，並自行吸收單位成本與價格風險）。本地倫敦金的買賣方式為，以國際現貨黃金價格交易，並以美元來買賣，同時以百分之百交割為原則，不能從事保證金交易。

一般來說，專業、資本雄厚的人較為適合投資「本地倫敦金」。首先，涉及「本地倫敦金」的交易方式，交易人必須自行掌握市場匯率與市場金價變動（市場匯率與市場金價不同於牌價，為波動較大且變動迅速者，這便要求投資者要能大量、快速掌握市場變動之訊息）。其次，國內有相當多「不合法管道」可承作「本地倫敦金」，但存在著市場波動風險，以及信用風險（承作業者倒閉跑路，或在報價中動手腳），因此需要投資人深入掌握市場變化。

黃金基金

說穿了就是一種共同基金。國內目前並無國內黃金基

金，黃金基金多為國外基金公司所募集，並透過銀行信託業務管道銷售，例如，貝萊德、瑞銀、友邦、天達、新加坡大華等。

　　許多投資人常會誤以為黃金基金是投資於黃金，事實上，黃金基金是將所募集的資金，投資於金礦公司的股票或公司債。投資於金礦公司的好處在於「股票價格波動大」，這代表漲跌的幅度與獲利率都會比較大。平均來說，黃金基金淨值的波動率通常高於現貨黃金價格波動率的2、3倍。因此可知，黃金基金較適合積極型、承擔風險能力較高的投資人。目前國內許多銀行都透過信託業務或財富管理業務，銷售黃金基金，通常也都樂意提供相關的解說資訊，有興趣的投資人不妨多加詢問。

　　在投資黃金基金時應注意一些重要的概念：

　　首先，金價與基金淨值的漲跌間關係相當密切，但是，礦業公司股價走勢與金價走勢不是完全一致。股價漲跌先於金價的機率較高，從過去的例子觀察，有一半以上的機會是金屬礦業公司股價領先金價（股價漲跌皆早於金價漲跌）。實例操作中，原則上如果金價走勢上漲，但發現金礦公司股價漲不上去，甚至有反轉下跌的趨勢時，便是出場時機。若國際金價走低，卻發現金礦公司股價有上漲趨勢，或者是黃金基金的淨值已走到谷底時，便有可能是金礦類股要反轉上

漲的時候了。

其次，一般投資大眾認為共同基金利於長期投資，但黃金基金卻要看個人的投資目標與個性來決定。這是因為黃金基金淨值波動相當大，即使在國際金價長期看好的情況下，當金價在波段拉回修正或整理時，金礦類股或基金淨值常會有較大的跌幅，常常使得投資人難以忍受，所以如果能夠採取在每個波段的高點適度出場，獲利了結；待等到波段低點來到時，再行買入進場，或許會是較為適合的策略。當然，如果確立金價長多的走勢，而且能夠耐得住短期的下跌或劇烈震盪，堅持長抱，那在金價長多行情中，仍然可以從事黃金基金的長期投資，這就要先衡量每個人的個性、風險承擔能力、資金運用情形與投資目標了。

第三，投資黃金基金要先瞭解每個基金的「投資組合」。有的黃金基金純粹投資貴金屬礦業類股票，但也有基金包括基本金屬礦業（如銅、鋁等）。此外，選擇投資的區域組合也有不同，例如，廣泛地的投資於全球的金屬礦業股票，或是專注於某幾個地區的礦業，舉例來說，貝萊德公司便有「世界礦業」與「世界黃金基金」兩檔不同投資標的之基金。通常，投資區域越廣、礦業種類越多，表現會較為平穩，抗跌性較強，但遇到金價大漲而其他金屬價格不漲時，其淨值的成長可能會相對較小；反之，也會也相反的效果，

投資前可以多加比較。

　　最後，投資黃金基金應打破原有的「匯率迷思」，意即黃金基金多以美元計價，而大多數投資人會因為美元長期可能走勢疲弱，就認為以美元計價的商品將因匯率走跌使得獲利被吃掉。面對這種「匯率迷思」，我們必須指出：美國雖是世界重要的產金國，本身境內也有相當重要的黃金礦業類股票指數（費城金銀指數、HUI指數等），但全世界其他產金國（如南非、澳洲、加拿大等）或是重要黃金交易市場（如倫敦）仍有金屬礦業類股票，且是以當地貨幣作為股票計價。原則上，美元僅是基金計算淨值的工具，該基金可能會投資於世界各地不同的產金國中，當美元貶值時，這些國家的貨幣相對美元可能是升值的，因此在計價過程中可轉換較多的美元，這也就抵銷了買賣基金時可能遭受的匯兌損失。當然，現在也有基金公司推出以歐元計價的黃金基金，但最後還是要強調，投資人在投資黃金基金時，不能只看美元計價後的淨值，以及美元的匯率變化，必須注意該基金的「投資組合」，也就是在投資組合中各種貨幣與美元或基金計價貨幣間的相對關係。此外，假如還是擔心黃金基金的計價貨幣有貶值的風險，因而抵銷了部分的收益，那麼，如果有操作外匯的能力與管道，可以考慮同時再購買基金組合中預期會升值的貨幣，或是放空認為會貶值的基金計價的貨

幣，也是另一種策略。舉例來說，如果所投資的黃金基金是以美元計價，而預期美元將會走貶，但卻看好歐元及澳幣，可以考慮同時投資歐元或澳幣來降低匯率風險，並增加投資收益。不過，在從事這種操作前，還是要先評估自己從事外匯投資的能力與條件，才不會得不償失。

期貨與黃金期貨

期貨是一種標準化的交易契約，當從事期貨交易時，在買賣一個「未來買賣交割的契約」。所以，期貨交易是一種遠期交易，買賣雙方約定在未來的某一個特定時點，以約定的價格交付特定的商品。但買賣雙方在交易的時候只決定價格，其他如：交易的時間、商品的品質規格、到期日等都是由交易所來規範。

所以當這項特定的商品是黃金時，就稱作黃金期貨，而黃金期貨交易的價格並不是現在的現貨金價，而是未來某一時間的金價，通常會比現貨金價來得高，兩者之間的差異稱作基差（basis）。

目前國際間幾個相當重要的黃金期貨市場是美國的紐約商品交易所（NYMEX／COMEX）、日本的東京工業交易所（TOCOM），以及芝加哥的期貨交易所（CBOT），他們也

是交易量分別居全球前三名的黃金期貨交易所，以下是這三
個交易所黃金期貨合約的簡要規格。

交易所	NYMEX	TOCOM	CBOT	CBOT
名稱與代碼	黃金GC	黃金JAU	大黃金ZG	小黃金YG
契約規格	100盎司	1,000公克	100盎司	33.2盎司
最小跳動值	$0.1oz＝$10	¥1/g＝¥1,000	$0.1oz＝$10	$0.1oz＝$3.3
交易月份	連續 6個偶數月	連續 6個偶數月	12個曆月，以 3個連續月及 偶數月最活絡	12個曆月，以 3個連續月及 偶數月最活絡
交易時間 （台灣時間）	人工盤 21:20-3:30； 電子盤 6:00-5:15	人工盤 8:00-10:00； 11:30-16:30	電子盤 7:16-5:00	電子盤 7:16-5:00
交割方式	實物交割	實物交割	實物交割	實物交割

註：交易時間均以夏令時間為主，週休二日。相關資訊仍以各交易所公佈為
準，上述資料僅供參考。

過去大家所熟知辦理黃金期貨的COMEX被合併進入
NYMEX，所以下表以NYMEX表示，但NYMEX及CBOT在
2008年被併入芝加哥商業交易所集團（CME），不過都還是
獨立運作。以上四種國外的黃金期貨合約在台灣也可交易。

台灣則先後在2006年3月27日及2008年1月28日，由台
灣期貨交易所推出本地的美元計價與新台幣計價黃金期貨商
品，將規格分別簡單介紹如下。

美元計價黃金期貨契約：

1. 名稱：美元黃金GDF

2. 交易標的：成色千分之995黃金

3. 交易時間：台灣期貨交易所正常營業日早上8時45分至下午
   1時45分

4. 交易單位：100金衡盎司（troy ounce）

5. 報價單位：1金衡盎司

6. 最小升降單位：美金1毛錢（等於一口契約10美元）。

7. 契約到期交割月份：自交易日起連續六個偶數月份。

8. 交割方式：現金交割

9. 最後交易日：到期月份最後一個營業日的前兩個營業日。

10. 每天漲跌幅限制：15%

新台幣計價黃金期貨

國內新台幣版的黃金期貨主要是採用國人較為習慣的成
色與規格，同時將契約量縮小，貼近一般大眾交易的習慣，
也方便投資人資金的調度與操作策略的採行，期規格的內容
大致為：

1. 名稱：台幣黃金TGF

2. 交易標的：成色千分之999.9黃金

3. 交易時間：台灣期貨交易所正常營業日早上8時45分至下午1時45分

4. 交易單位：10台兩（100台錢，375公克）

5. 報價單位：1台錢

6. 最小升降單位：每台錢新台幣0.5元（等於一口契約新台幣50元）。

7. 契約到期交割月份：自交易日起連續六個偶數月份。

8. 交割方式：現金交割

9. 最後交易日：到期月份最後一個營業日的前兩個營業日。

10. 每天漲跌幅限制：15%

　　黃金期貨的操作策略簡單的說有單邊的多頭策略、空頭策略、避險策略與套利策略，其中避險策略又稱作對沖策略，依照目的與方式不同可分為直接避險與交叉避險、預期性避險與持有性避險、傳統性避險、選擇性避險、投資組合避險等方式，而套利策略也稱為投機策略，又可依商品、期別、市場等細分為相當多種組合。這些並非三言兩語可以說得清楚，而且一定要經過實戰才能累積經驗，有興趣的投資人，建議先找些專書研究，最好跟著經驗豐富的老手學習，在此不多花篇幅贅述，倒是想要和大家分享一些經驗。

　　從過去的經驗中，投資人經常忽略的是期貨交易的保證

金制度，也是就俗稱的財務槓桿效果。期貨交易在一開始並不需要全額支付價金，但須繳付「保證金」。保證金又可分為兩種：

第一，原始保證金（initial margin）。這是每次買賣期貨合約時一開始所需支付的保證金，通常約在期貨契約價值的5％上下，但會隨著商品與價格波動而調整，從另外一個角度來說，5％的保證金就表示可以有20倍左右的槓桿，價格的漲跌對於收益或損失也有相同的倍數放大效果。如果用2009年1月5日的當年2月份新台幣計價黃金期貨為例，盤中的一口契約價約為346,000元，原始保證金為29,000元，所以保證金比例約為8％，槓桿倍數則接近12倍。

其次，維持保證金（maintenance margin）：隨商品在市場上價格的漲跌，導致合約價值減損時（通常是減低到七成左右時），期貨商就會發出保證金追繳通知，投資人需將保證金補足，此即稱為「維持保證金」，這是投資人最容易疏忽的地方。此外，值得注意的是，當價格波動劇烈時，交易所也常會調高保證金，以致影響投資人的資金調度。如果不能夠在規定的時間內補足保證金，期貨商就可依規定將投資人的期貨契約平倉，也就是俗稱的「斷頭」，斷頭之後如果期貨契約還是有損失發生，投資人仍然需要補足。所以一定要學會維持保證金的計算，同時做好資金的預備及管理。

　　由於期貨是透過財務槓桿所操作的金融商品。交易者只需付出少量的保證金即可操作數倍的資產，例如，500萬元的保證金便可操作上億元的期貨，只要做對了方向獲利極大，但也可能會賠到交易者無法負擔的程度。所以我要強調：控制風險與資金管理是操作期貨最重要的觀念之一。許多投資朋友常常只看到保證金不高，財務槓桿效果可以帶來很大的獲利機會，卻忽略一件事情，即看錯行情時，不但要被追繳保證金，如果無法補足保證金，就要面臨被斷頭認賠風險，再加上槓桿作用，損失經常超過個人財力能夠負擔。因此我常勸投資人，一定要先評估個人的風險承受度與財力，同時一定要做好停損點及停利點的設定，千萬不要三心二意、優柔寡斷或是貪得無厭。

　　再者，鑑於期貨的三高：風險／獲利高、相對波動率高、信用擴張高。在實務操作上，我們建議如果操作一口合約的黃金期貨，最好準備有三口合約以上的原始保證金。例如，當我們預期黃金價格看漲並買進一口黃金期貨後，沒想到金價走勢是先跌後漲，或是上下震盪劇烈，雖然金價的確來到我們所預期的價格，但在金價波動的過程中，我們就需要補繳大量的維持保證金，否則會在金價波動過程中，期貨合約因保證金不足遭到斷頭，而飲恨認賠。

　　如此看來，哪些投資人適合操作黃金期貨？建議最好是

專業能力較高的投資人，能夠大量、即時地掌握市場資訊；同時還需要具有研判這些資訊的能力，最好熟悉技術分析及有一些電子操作程式的輔助；並且有一定規模的財力可承擔波動風險。最後，必須在個性上敢於冒險又非常果斷，對於賺賠的關鍵時機不能有絲毫猶豫。簡單說，如果在個性上是個「好好先生」，就別碰黃金期貨了。有些人會說，我是因為有現貨的需求，例如，使用黃金當作原料或者是出售黃金含量較高的商品，或是投資現貨黃金，同時運用期貨相對避險等，就以為單純的避險，因為是相對的部位，沒有什麼風險，其實如果操作不當，或沒有適時的對沖、平倉，仍然可能發生虧損，還是要做好分析及控管。

在投資操作的實務中，經常可以看到台灣投資人有幾個迷思。首先，簡單認為契約規格變小，風險變隨之變小，在此必須要強調，契約規格變小只是契約的絕對值、保證金需求變小，但不論是大規格或小規格的契約，所面對的價格波動比率與槓桿效果都是相同的，意即其風險比率完全一樣。此外，雖然黃金期貨與現貨價格的波動度差不多，但期貨市場的價格波動速度通常較快，加上槓桿作用，使得相對的波動風險也就擴大了。例如，芝加哥期貨交易所推出迷你黃金期貨，雖規格較小、保證金相對降低，但風險程度還是與大規格的黃金期貨一樣，只是絕對的金額變小。其次，期貨

通常看的是「價格波動率」，而非價格的長期多頭或空頭。除非是製造業者以期貨從事原料避險，控制價格成本，否則一般個人期貨投資所重視的都是相對短期的價格上下波動區間（即壓力區、支撐區在哪裡），波動越大越快，則風險越大，相對來說獲利空間越大。在此，容我再次嘮叨，期貨是漲跌皆可以賺錢的工具，重點在看對方向，抓對波動，看漲做多，看跌放空，並且要適時停利或停損，這是不變的原理，至於長期幾年的多頭或空頭趨勢可能不是最重要的判斷標準。

所以，常有人問「黃金期貨」好不好？其實，商品本身是中性的，但看是否適合本身的需要以及操作能力與風險承受度。由於黃金期貨交易的是未來的黃金現貨，且通常並不會真的交割現貨，所以在交易時的成本相對要比黃金現貨來得低，加上採用高槓桿的保證金制度，使得獲利空間價大，投資、投機或是避險都相對現貨要來得便利，但許多投資人只看到這些優點就採用黃金期貨，反而忽略了高槓桿所可能帶來的風險，以及對於價格判斷需要更多的資訊、更專業的分析與更果斷的反應。

最後，還是建議對黃金期貨有興趣的投資人，一定要會做技術分析或有好的分析模型，也就是必須具備看圖表與解讀分析結果的功力，再加上慢慢累積實際的經驗，如此一

來，才能掌握期貨市場的瞬息萬變。

選擇權

　　顧名思義，選擇權就是一種契約，也是一種權利。選擇權的買方在付出一定金額的權利金後，即擁有在約定的到期日（例如：歐式選擇權）或是到期日之前（例如：美式選擇權），依照履約價格賣出或買進標的物的權利。相反地，選擇權的賣方在收入權利金後，則負有在議定的到期日或到期日之前，依照履約價格買進或賣出標的物的義務。簡單來說，即是選擇權賣方有被動要執行契約的義務，選擇權買方則有主動執行契約的權利。

　　選擇權的標的資產可以是股票、指數、匯率、利率、商品或任何其他標的物，當其標的物是黃金的時候，就稱作黃金選擇權。由於選擇權的買方，只支付少量的權利金取得是否執行契約的權利，賣方則是收取權利金而承擔義務，所以其財務槓桿倍數通常比期貨高，這是要注意的地方。

　　黃金選擇權依交易的市場不同可分為交易所的期貨選擇權或是店頭市場選擇權，就交易所的黃金選擇權來說，交易量最大的還是紐約商品交易所，巴西、芝加哥、俄羅斯、杜拜、東京則依序排在後面，但交易量相對就小得很多了。臺

灣期貨交易所在2009年1月19日推出新台幣計價的黃金選擇權，契約的基本規格是以新台幣計價黃金期貨為基礎，但規格更小，只有新台幣黃金期貨契約的二分之一，簡單的摘要其內容如下：

1. 交易標的：成色千分之999.9的黃金

2. 中文簡稱：黃金選擇權（黃金買權、黃金賣權）

3. 英文代碼：TGO

4. 履約型態：歐式（僅能於到期日行使權利）

5. 契約規模：5台兩（50台錢、187.5公克）

6. 到期月份：連續6個偶數月份

7. 履約價格間距：

　　A.履約價格未達2,000元：25元

　　B.履約價格2,000元以上，未達4,000元：50元

　　C.履約價格4,000元以上：100元

8. 權利金報價單位：0.5點（新臺幣25元）

9. 每日漲跌幅：權利金每日最大漲跌點數，以前一營業日最近月臺幣黃金期貨契約結算價之百分之15為限

10.最後交易日：各契約的最後交易日為各該契約到期月份最後一個營業日前之第2個營業日，其次一營業日為新契約的開始交易日

11.到期日：最後交易日的次一營業日

12. 交割方式：符合台灣期貨交易所公告範圍的未沖銷價內部
　　　　　　　　位，於到期日當天自動履約，以現金交付或收
　　　　　　　　受履約價格與最後結算價之差額。

　　選擇權的操作策略比期貨更加豐富，變化無窮，這已
經不是本書的篇幅能介紹的範圍，有興趣的投資朋友要自己
多做功課，才能夠得心應手。不過要提醒的是，仍然需要注
意資金的管理、停損與停利的設定、熟悉各項分析工具等要
點，而選擇權的策略雖然相當繁複，但若是沒有特別的需要
以及熟稔的風險管理能力，最好還是採取簡單的策略，以免
增加不必要的風險。

黃金組合式商品

　　所謂組合式商品，是將銀行存款與各種衍生性金融商品
組合成各種投資標的。選擇權是目前相當常見的組合式商品
標的物，這也是除了連動債之外，國內最熱門的組合式商品
連結的商品之一。單純的組合式商品通常是利用定期存款在
投資期間的利息收入，當作權利金去購買選擇權，或是以定
期存款為基礎去賣出選擇權，如果投資成功，可以獲得較原
有存款利息高許多的收益，但如果投資失利，則將會損失利

息甚或本金。因此，還可將組合式商品簡單的分為保本型和增值型兩大類。

　　保本型組合式商品通常是利用定期存款的利息為權利金來買入選擇權，因此投資人是選擇權的買方，擁有執行選擇權的權利，最大的風險就是投資期間存款的利息收入。選擇權到期或投資期間內，若投資成功，有機會執行選擇權，則可以賺取到比原來利息收入高很多甚至於幾倍的收益。但若投資失利，頂多是損失投資期間內的利息收入，存款本金仍然受到保障。

　　增值型組合商品也就是不保本組合式商品。則會採取較為靈活的選擇權策略，通常會是定期存款連結賣出選擇權，投資人是選擇權的賣方，將收到的權利金折算為存款的投資收益。如果選擇權沒有被執行，那就可以收到比定期存款利息高很多的收益。一旦選擇權被執行，則存款本金就或多或少會被侵蝕，而遭受損失。由於選擇權的靈活策略特性，這種不保本的組合式商品還可以設計成部分保本，也就是控制本金最大的虧損範圍，例如最多只損失10%的本金，還可以取回90%。

　　2005年11月，我們曾推出國內首創的黃金組合式商品，將定期存款連結到黃金選擇權。以往國內多將組合式商品連結外匯與債券，做黃金的比較少。目前臺灣銀行所推出的黃

金組合式商品可以有「新台幣定期存款連結」與「外幣定期存款連結」兩種，這是因為外幣定期存款利率較高（美元定期年利率目前大約4%左右），可操作權利金較多。

舉例來說，2005年11月推出的新台幣定存連結黃金選擇權，投資期間為1個月，在12月24日到期。當時新台幣存款年利率在1.425％，若選擇權到期日之倫敦下午定盤金價在所設定的區間中，則可獲利兩倍於年定存利率的收益。

組合式商品相當適合一般台灣投資人，同時也可能是保守的投資人。因為台灣投資人往往有些共同的投資習慣，例如，欠缺研判市場行情的能力、缺乏時間做研究卻喜歡每天緊盯價格、風險意識過高（喜歡將現金留在身邊）、只想賺錢卻不想賠錢的想法。綜合種種投資特性，就相當適合保本型黃金組合商品，因為最多只會賠入利息（權利金），但獲利空間高於利息。再者，大額存款人被銀行拒收或適用利率較低時，也可將存款轉作保本型黃金組合商品。

金融風暴後，全球金融市場相當不穩定，所以有些銀行也推出一些與金價連結的黃金組合式商品，但無論是保本型或是不保本型，投資人當然還是希望能夠成功獲利，因此在選擇時要了解其與金價連結的條件以及該檔商品對於金價預測的方向、價位等，是否符合自己的想法與目標，這樣才能選擇到適合自己且成功機會較高的黃金組合式商品。

黃金商品組合

由黃金商品金字塔的圖形，可以瞭解各種投資工具的風險與收益之間的關係。在圖形中，位置越下方的產品，預期風險越低，預期收益也越低；相對地，越上方預期收益越高，就必須承擔較高的預期風險。

黃金商品金字塔圖

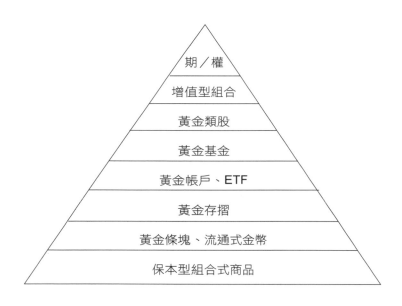

| 期／權 |
| 增值型組合 |
| 黃金類股 |
| 黃金基金 |
| 黃金帳戶、ETF |
| 黃金存摺 |
| 黃金條塊、流通式金幣 |
| 保本型組合式商品 |

商品	管道	基本交易單位	價格
黃金條塊	銀行：臺灣銀行 銀樓 貴金屬公司	1公克至1公斤，1台兩至5台兩	1公克：新台幣1,400元1公斤：新台幣92萬5,000元1台兩：新台幣3萬5,000元
金幣	銀行銀樓 貴金屬公司	1枚～1套1/20英兩～1公斤	1/20英兩：新台幣1,900元1英兩：新台幣3.5萬元1公斤：新台幣94.5萬元
黃金存摺	臺灣銀行 兆豐銀行	1公克	新台幣930元
黃金帳戶	花旗銀行	10英兩	8,700美元約新台幣28萬8,000元
黃金基金	銀行	受益單位	定期定額新台幣3,000元以上單筆新台幣1萬元以上
黃金組合式商品	臺灣銀行 兆豐銀行等	外幣存款5,000美元新台幣存款10萬元	
黃金期貨	期貨經紀商 期貨業務輔助人	台灣：1口大期貨100盎司、小期貨10台兩，美國：1口大期貨100盎司、小期貨33.2盎司，日本期貨1公斤	台灣大期貨保證金：約7,290美元，小期貨保證金：約NT$29,000

註：以上的價格與保證金等數據係參考2009年1月初資料，詳細資料以辦理時各經辦機構規定為準。

首先，可以看到保本型組合式商品的風險是最低的，但是它的收益也會是最低的。接下來，黃金條塊與投資性金幣，只要金價上漲，價格就會跟著走揚，預期風險與收益都

會比保本型組合式商品來得高一些。再者是黃金存摺與黃金帳戶的部分，反應漲跌的速度比較快，也表示預期收益會較為理想。雖然有人會指出，黃金條塊、金幣等與黃金存摺、黃金帳戶很類似，但是前兩者的門檻較高，單位成本較高，此外還有些額外的因素可能發生，所以兩者有點不同。再來是黃金基金，通常淨值的波動度會比現貨金價高二倍以上，而金字塔頂端就是一般我們熟悉的期貨、選擇權等衍生性金融商品。

商品	特性說明
黃金條塊	·具有避險、保值、投資獲利等功能，傳統價值較高。 ·適合長期持有，短線進出較不合適。 ·規格越小、單位成本越高，買賣價差也較大，對價格波動的敏感度也越低。 ·若是為了投資獲利，在財力許可下，以選擇較大規格的條塊較適宜。 ·以規避政經動盪為考量，其中又以小規格條塊使用較為方便。 ·若需要到國外使用，則以選擇國際流通品牌、公制規格且標示完整的條塊較佳，記得要保留原廠證書。
金幣	·投資性金幣的特性與條塊相當近似，如果未來有出售變現的計畫，最好不要打開護殼，破壞品相。 ·金幣除了投資功能外，也有裝飾、把玩、擺飾、欣賞、送禮等功能，購買前要先釐清目標。 ·紀念金幣的價格影響因素相當繁複，如果是以投資獲利為目的，對於主題、相對發行數量、系列性、血統、設計、行銷等因素要多加注意。

黃金憑證	・要注意發行憑證的機構信譽是否良好，以及提領或出售的相關規定。 ・實體黃金的保管憑證性質與黃金條塊相當近似。 ・購買國際黃金憑證一定要做好信用調查。
黃金存摺	・適合一般大眾的黃金商品。 ・黃金存摺有百分之百的黃金準備，而且可以轉換為實體黃金，黃金帳戶則不能轉提領實體黃金。 ・黃金存摺以新台幣計價，投資門檻為1公克；黃金帳戶以美元計價，投資門檻為10盎司。 ・以長期持有或波段投資為較佳的策略，短線進出的成本較黃金條塊為低，但仍須注意風險。
本地 倫敦金	・適合大額及較專業的投資人。 ・以美元計價，同時兼顧國際金價與新台幣對美元匯率。 ・可以24小時全天候下單交易。
黃金基金	・黃金基金是投資在金屬礦業類股，屬於股票基金。 ・淨值的波動約是現貨金價的2到5倍，同時與現貨金價的漲跌時機並不一致。 ・投資前先瞭解每個黃金基金的投資組合，包含其投資區域與涵蓋的金屬產業種類。 ・波段投資是較佳策略，但在金價長多情況下，若個性及投資目標適合，也可以長期持有。
黃金期貨 與選擇權	・高財務槓桿的商品。 ・適合專業、有分析能力、個性果斷冒險的投資人。 ・注意保證金及商品規格相關規定。
黃金組合 式商品	・分保本型與增值型兩種基本類型。 ・保本型商品目標在打敗定存利率，最大的風險式損失存款利息，適合保守的投資人。 ・增值型商品在追求較高的收益，但有可能虧損本金，適合積極型的投資人。

第五章
黃金理財與投資方法

　　經常有人問我，到底黃金在理財上應該扮演何種角色。我直覺認為，在個人的投資組合中，最好加入黃金這一項投資標的。雖然很多人認為投資股票，輕輕鬆鬆就有7%左右的收益，但我總覺得一味的短線搶進搶出，並不適合大多數的人。從個人長期的理財規劃來說，設計一個好的投資組合，加入一些風險程度及特性不同的商品，是有必要的。

　　在本書的前幾章，我們談到了黃金的功能、角色與特性，在這裡，我想利用「投資工具金字塔」的概念來說明，這也是我一直建議，在整體投資內容中，一定要具備黃金這個的部位。

　　我個人認為，在一般的投資組合分配裡，必須要有一些投資風險較低、抗跌性較強，或是價格走向與其他金融商品互補或相反的產品。這樣才能確保自己的投資，不會發生血本無歸的慘狀，也比較能配合個人長期生活的規劃。

投資工具金字塔

　　首先，從「投資工具金字塔」的概念出發，在這裡，可以發現幾個先決條件是必須考量的。

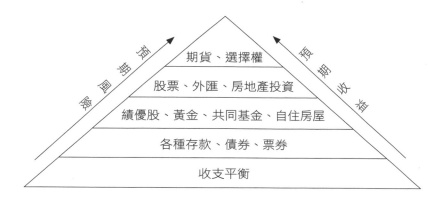

第一，必須要求自己先做到收支平衡，一切理財的基礎就從這裡開始。記得在1989年，中央信託局成（今為臺灣銀行）立投資諮詢中心之前，我們這群準諮詢專員就開始接觸基本的理財規劃訓練，當時最基本的要求就是由個人收支的記帳開始，瞭解自己收支的內容，才能找出最佳的生活方式，而能夠產生結餘，因為巧婦難為無米之炊，投資是要有本金的。印象中，當時的符副局長編印了一本行事曆兼帳冊，把個人支出分成食衣住行育樂等大項，希望大家能從記帳開始，展開個人理財的第一步。

那時，有許多年輕的客戶不以為然，連少不更事的我們也覺得，記帳固然重要，但年輕就是本錢，加上專業的訓練，一定可以有效的做到負債管理，承擔風險，用借來的錢或財務槓桿效果來投資，幾年內就可以賺到一輩子所需的

財富。但隨著人生與金融市場的不斷歷練，以及看多了客戶與市場中可歌可泣的失敗案例，終於理解，穩紮穩打，先做到收支平衡，再增加儲蓄，累積本金，才是穩當理財的首部曲。而我也發現到，國內外許多投資大師，也都是以穩健起家的，一夕致富雖非絕對不可能，但世間又有幾人能夠成功。

假如想要借錢來賺錢，前提必須是有相當的把握能賺到更多的錢，而且也承擔得起虧損，要不然可能還沒賺到錢，就先被債務壓垮了。

再向上一層，我們可能有些存款會存在一般的銀行、郵局中；同時，我也將公債與票券列在與存款一樣安全保守的位階。再往上走一層，便是一般所認定的績優股、現貨黃金、共同基金與自有房屋等。再者，就是所有泛指的股票、外匯與房地產投資（非自用房屋）的部分；可能風險與收益最高的部分，就是期貨與選擇權等的衍生性金融商品。

然而，在投資組合裡，我一再強調，必須要有部分資產的分配，放在黃金。對於一般金融商品來說，黃金有相對的保值作用，穩定性雖然比起存款來得低一些，但是風險性較沒有股票、外匯來得高。再者，黃金的流動性與變現性相當不錯，在動盪不安時，可能會比其他金融資產更好。以風險性來評估，黃金大概的位置是全體金融商品中較偏中間的；

同時，假如以預期收益來看，黃金的收益程度也會在中間值左右。因此，只要資金部分有餘裕，我會希望，在個人從事理財行為時，有一成左右的資金放在黃金這個部位，這樣的投資組合是是比較理想的。

　　這裡要提醒的是，以上是就黃金的整體概念而言，但不同的黃金商品，風險與收益還是有相當的差異，在前文介紹了很多的黃金商品，將之化為一個黃金商品本身的金字塔，相信投資人會有更清楚的概念。

風險的分散

　　在理財規劃上，應注重投資組合的建立，但許多投資朋友對這種說法並不認同。一是因為資金不足，很難做成一個組合。其次，很多人覺得既然看好一個商品，就應該全數投入，這樣才能賺到最多的錢。不過，我總覺得行情是變化無常的，所有的分析工具，只能告訴我們價格往哪個方向的機會最大，幅度可能是多少，但這畢竟只是預期，只要發生了一個意外的因素，原先分析的結果就會被推翻，這種情況在短線操作中尤其顯著。這也是許多投資大師不建議投資人短進短出的原因之一。

　　長期觀察市場的經驗告訴我，「無常」及「無我」是

市場不變的法則。經常有人問我，現在的金價合理還是不合理？多少錢才是合理價位？我的回答常是：「市場行情永遠是合理的，因為價格就在那裡，有人願意買，也有人甘願賣，如果認為價格不合理，那就是分析不夠周全。」

「無常」表示市場變動不停，「變」是唯一不變的法則，就算是全世界都放假不交易，市場還是在變。1999年9月26日十五個歐洲中央銀行，選在星期日於美國的華盛頓簽署協定，限制出售黃金的數量，本以為可以不再背負打壓金價的罵名，但因為這消息是在美國週日的下午後發生，全球投資人都在休息，因此當週一亞洲開始交易時，這意外的消息，卻使得金價立刻因軋空而劇升，短線突然彈升三成而後劇烈震盪，不但讓一路做空賺順手錢的全球黃金交易商與投資人損失慘重，也使許多金礦公司宣布破產，引發其後國際金礦界的購併，這還真是始料未及的。

「無我」則表示市場是由許許多多的人和因素所形成的，沒有一項因素或任何一個人能夠長期操縱行情。價格是王，但價格並沒有一個不變的及操控的主體，因此除了對行情保持尊敬外，更重要的是：控制風險。

學過投資學的人大概都知道，要建立一個多角化的「效率投資組合」，這當然是一個理想，不過在這裡並不對投資學的理論多做解釋。簡單的說，建立「多角化效率投資組

合」的主要目的在於，先消除每一個個別商品自己的風險，稱作非系統風險，此時就只需要面對市場變化的風險，也就是系統風險，我們通常會用一種貝他「β（Beta）」值來計算每一個商品的系統風險。以股票市場為例：如果某一檔股票的β值是1，可以解釋為當大盤變動（或是某個市場因素變動）1％時，這支股票的價格也會波動1％；所以當一支股票的β值大於1，就代表它對市場因素的反映比較敏感，價格波動比大盤要高，看對了賺得多，看錯了虧損也比較高；反過來說，就是抗跌性比較強，但相對獲利也比大盤低一些。這種解釋方法，可能會有某些教授可能會覺得不合適，但這是我所能想到比較白話的說法了。

講了這麼多，大家應該會想到，一定有些金融商品彼此間的β值是相反的方向，也就是正值或負值，這顯示當一個市場因素發生時，不同的商品價格是同漲同跌，或是反方向變動。首先，應該考量一些具有互補性的商品。在進行投資時，避免持有的金融商品都是「同漲同跌」的，舉例來說，有人把所有的資金都購買黃金條塊、金幣、黃金存摺，另外再持有黃金基金，看起來好像是一個不錯的投資組合，但基本上，這幾種商品有很大的機率會同時發生上漲或下跌的現象，如此一來，就完全沒有風險上的互補性。

在前面的章節中，我們分析過，金價與其他金融商品的

價格，例如：利率、美元與股票等，大致上是呈現反向變動的關係。當我們投資相當資金於美元或股市等商品後，如果擔心行情不易掌握，或是因為某些市場因素影響而可能虧損時，可以購買一些黃金，來平衡風險。

　　黃金在所有投資工具裡所扮演的角色，最值得我們注意的是「避險」的用途。過去大家總認為避險就是逃難時可以變現，但在另一方面，如果股票價值下跌時，或美元貶值時，黃金的價格上漲的機會就相當高。假設個人所擁有的股票價值很多，「建議放一點資金買黃金」；假如手中握有的美元資產很多，也「建議放一點資金買黃金」，以達到平衡資產風險的效果。過去經常發現，當日本股市連續下跌時，日本會流出一些黃金、白金等貴金屬賣盤，此點倒令我百思不解，之後經過請教日本的交易商才知道，許多日本投資人因為瞭解黃金或其他貴金屬價格與股價的基本反向關係，平時就會買進一些貴金屬來平衡風險，當股價連續下跌時，他們會被追繳保證金，如果這些日本投資人認為股價很快就會回升，而不想停損賣出，這時手中的貴金屬價格可能已經上漲，因此就出售貴金屬，一方面可以彌補股票投資的損失；另一方面則可以獲得資金來補繳保證金。

　　而在美國次貸事件與全球金融風暴發生後，國際金價的變動也反映出類似的特色。當次貸後每次有新的壞消息時，

金價經常會先下跌，不僅讓人懷疑黃金的特色是否消失，事實上是許多機構投資人或個人投資者，因為被追繳股市投資的保證金，只好到流動性及抗跌性都較佳的黃金市場裡來拋售黃金，以便換取現金。金融風暴後金價雖然很快的反彈，但隨即在2008年10月大幅下跌到680美元的低價，而且之後只要金價有反彈，就立刻被賣盤攛壓，其實其中最大的賣方就是避險基金（hedge fund），當然還有一些其他的投資人，他們也都是因為需錢孔急，只好利用黃金市場來套取現金。但每次在這些短期的賣壓被消化後，金價就有機會創造另一個反彈或上漲的波段。當然，這裡也顯示出金價與股價的關係，並不是完全的反向或是朝同方向變動。

投資組合的配置

也許有人會問：「黃金不是有保值的功能嗎？那為什麼黃金的價格還會有漲跌，甚至跌破所買進的價格？」

保值是黃金投資裡很有趣的概念。其並非是保障你買進或投資的價格，並非「金價不會跌」，而是在保障資產最後的價值。在我的想法中，現在所持有的很多金融資產的價值有一大部分是基於信用或信心而來的，例如，貨幣的價值是因為政府的信用，股票的價值是對公司資產與未來經營的信

心等。這些金融資產的價值可能會因為戰爭、動亂、通貨膨脹、景氣變動等因素影響而貶值或失去價值，黃金具有特有的普世接受性，在戰亂發生或區域不安的種種政治、經濟局勢混亂當下，它能夠發揮最佳的保值功能，甚至還會因為這些不穩定因素的增加，而提高其價值。所以我常說：「它在保障『交換媒介』的價值。」因此，在手中資金足夠的情況下，最好將部分資產分配於黃金這個部位。

在這裡，可以用圓餅圖來針對這個問題進行更深入的探討。假設在沒有特別的市場因素考慮下，在投資總額中，適合撥出一成左右的資金購買黃金，不必然就是百分之百為了要賺錢為目的而配置。而這一成的投資在黃金的部分再拉出來用另一個圓餅圖來看，又可以在其中撥出一部分，為了保值的目的而購買實體的黃金條塊、投資型金幣等商品，甚至於可以買些金飾。個人建議，如果沒有很強烈的風險預期時，盡量不要超過25％，因為這部分的配置過高，也許會減少獲利的機會。如果投資黃金的目的是以投資為主，這個部分的比例還可以降低。

資產配置比例範例

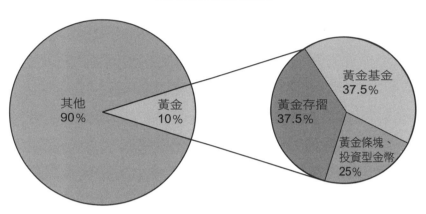

同時，一般投資人可以將剩餘的75％分為兩部分，一半作為黃金存摺或黃金帳戶的考量，進可攻退可守，可以從事波段投資，也可以長期持有，必要時，還可以轉換成現貨黃金。再者，假如黃金行情看好時，也可以趁機出售賺取收益。

另外一半可以投入波動性大的黃金基金，以增加收益率，假如個人承擔風險與操作能力較強的話，甚至可以直接投資黃金期貨或選擇權等衍生性金融商品；假如承擔風險的能力不足的情形下，則可以承作穩定性較為接近存款的保本型組合式商品。這部分可能需要考量個人對於投資市場的專業性來做調整。

投資期間也要視個人的需要而配置。原則上，黃金條塊

與投資型金幣，應做長期持有的打算，儘可能不要在短期間進進出出；而黃金存摺與黃金帳戶則是中長皆宜，應該是屬於中期較佳，大約幾個月的波段或長期的投資計畫，除非行情漲幅很大，太過於短期的進出，對黃金存摺與黃金帳戶而言，並非適當的投資方式。至於風險性較大的期貨、選擇權的投資，應該是做短中期部位的投資為主。

另外，至於保本型的黃金組合商品，建議主要設定在短中期的配置，國外常有一年期或更長期間的組合式商品，但就台灣投資人的特性，較不合宜，除非是有大量的閒置資金，否則持有時間不宜過長；若是增值型的黃金組合商品則以短期為佳。

若是混淆各種商品與中長期的資金配置，例如，長期將資金投入購買期貨與選擇權，或短期投資於黃金條塊與金幣上，都是屬於較為不適當的做法。

在這裡，提醒大家一個理財觀念：那就是「投資組合的配置是相當個人化的行為」，不會有兩個人的投資組合模式會是完全相同的。許多投資朋友經常開口第一句話就是，「如果是你，你會怎麼做？」但兩個人的各方面屬性相當不同，如何用完全相同的策略呢！

在考量投資時，首先，必須先衡量手中的資金有多少，同時也要考慮手中資金是屬於長期或短期的性質，才能開始

進行相關計畫；第二，必須衡量自己能承擔多少風險，是一成，或是全部賠光也無所謂，還有能承擔長期或短期的風險。另外也需考量風險承擔能力時，必須先考慮個人的家庭與生活狀況為何。例如，總資金的多寡、所投資資金占總資金量的百分比、所投資資金是否為家中主要資金項目，或自身工作的穩定性等因素。總言之，投資不能只看到收益，而不去考慮風險的因素。

賺錢與理財的關係

實務經驗上，時常會遇到很多投資人，他們會將理財與賺錢當作同一件事，其實這是不同的觀念。「投資（理財）不就是為要賺錢？」

當然，投資是為了要賺錢，但投資只是理財的一部分，或是理財的手段之一。所謂的「理財」是為了要管理我們的財富，而財富的管理是要配合每一個人的人生規劃，決定要過什麼樣的生活，並不是錢越多就是越好。

當我們在管理自我財富時，一定會設定一個財務目標，然後依此目標來決定如何完成的方法。舉例來說，希望1年能出國渡假兩次，經過初步計算，可能1年要花40萬元，若是1年的收入只有120萬元，而支出是75萬這個目標可能要耗掉1

年全部的儲蓄，除非人生目標是及時行樂，否則就要想些別的辦法。因此，我們希望能藉由投資來達到這樣的目標，但想要用45萬的儲蓄賺到40萬，那投資報酬率要將近1倍，似乎有些不容易。這樣的情形之下，建議應該要重新設定自己的人生目標了。以這個案例說來，也許1年少出國一次，或者改為50歲以後，每年出國兩次渡假，會比較理想。想辦法節省支出，用儲蓄來安排一個年投資報酬率15％的投資組合，就會比較實際。

　　但是，假設希望50歲之後，有這樣的年度渡假計畫，也許現在要思考另一個問題：從現在起，應該要好好保養自己的身體。這也是投資相當重要的課題，「健康」是重要的投資，也是一切財富的根源與意義所在。至少，不要因為投資而打亂了整個生活，吃不下、睡不好，反而得不償失。

　　之前，曾經遇到一名投資眼光很不錯的客戶，他在金融市場裡的確賺了不少錢。在一次偶然的機會裡，曾與他交換投資意見時，才瞭解他真的很努力在「賺錢」。他早上會先去送報紙，送完報紙後再去上班，下班後還去開計程車，此外，他還在上班時偷偷從事股票、黃金與外匯的投資，打電話去下單。雖然，這看起來似乎是個很積極的人生，但是，這樣的人生管理算是很好嗎？我可不這麼認為。

　　在實務經驗裡，還遇過另一種投資人，他平時相當努

力工作及投資，也賺了不少錢。但是到了40多歲的時候，命運之神卻開了他一個天大的玩笑，他因積勞成疾而罹患末期肝癌。那時，他對妻子說：「我實在很對不起妳，我賺那麼多錢的目的，就是要早點退休，跟妳好好享福。我曾經答應要帶妳去歐洲、美國玩，現在都沒辦法了。」平時真的忙到沒時間好好照顧身體，以致相關症狀一經發現，就已被醫生判定為癌症末期了。「我會把所有的錢都留給妳，妳好好地用，不要太累了。」這樣的人生，到底有什麼意義呢？

投資的目的當然是為了賺錢，但是賺錢不一定等於理財。投資有個很重要的觀念，投資之後，要能吃得下、睡得好。不做冒險的投資行為，這樣的投資才會有意義。

許多人都認為投資專家的投資策略應該會相當積極、冒險，他們才會賺得比散戶多。其實，事實剛好相反，我所認識許多專業人員的投資策略往往都是相當穩健的，幾乎少有搶進殺出，多是較注重基本面，而且以較長的期間為主。就算是專家也是有可能賠錢的，我曾經認識一位瑞士銀行的投資主管，他告訴我：「投資哪裡會不賠錢！我只是儘量把自己賠錢的機會降低，並且避免賠大錢。」同時，常常有投資人也都說：「你們是專家，一定都知道每樣投資商品行情的最高價與最低價，然後買在最低價，賣在最高價。」老實說，這真的很難。

50、60投資哲學

在這裡，分享我對投資收益率的一些想法，也就是50、60投資哲學。相信許多讀者看到這裡，應該會瞭解除非具有相當的專業與條件，我個人並不傾向於黃金的短線操作，因為難度及風險都太高了，同時需要投注很多的時間與精力。

就黃金價格而言，從長期的觀察中，無論多頭或空頭市場中，每年都會有1、2次的波段行情，因此經常會建議投資朋友採取波段投資或長期持有黃金。許多投資人經常問的一個問題就是：「現在是最低（高）價嗎？」、「有沒有可能再低（高）一點？」我的回答通常會是：「沒有不可能的事」、「最高和最低只有老天爺知道」，因為抱持這種想法的投資人經常會追高殺低，以致徒勞無功。

我也曾經在許多同業的聚會中聽到這樣的對話，「趨勢是多頭，客戶也做多，但卻老是買在高點、賣在低點」。也有許多朋友對我大喊：「金價又漲了，上次沒聽你的話進場，現在怎麼辦？」（唉！不知道是第幾個上次了）我所接觸許多客戶，當他們抱怨賠錢時，其實大多數不是一開始就虧損，而是賺錢沒有賣，等到行情拉回時，因為金價常常一盤整就好幾個月，他們無法忍耐，只好逢低認賠殺出，但當大多數人都了結部位時，行情又開始上漲了。

　　所以我個人採取了一種阿Q哲學，無論是長抱或是波段進出，一波行情，只要做到了50％就是成功，賺到六成以上，那就是老天賞飯吃。這種做法看似保守，但背後的哲學是：技術分析是一種累積過去經驗的統計結果，準確率不可能達到100％，甚至80％都很難，基本分析雖然能夠掌握市場大概的趨勢，但很難預測高低點。因此50、60哲學，是考慮到分析工具的限制性與我所相信的「無常」及「無我」法則，短期看來似乎少賺了，也常被人笑說一波漲了50元，你才賺30元，真是不夠專業，但這個法則卻能夠保護我們在長期的投資生涯中全身而退，實現人生的計畫。

　　人不是神，要想扮演神，就要先有神性。「留一些錢給別人賺，才能永保安康，也算是功德一件吧！」金融市場是最能夠考驗人性的地方，而「貪」則是投資市場中的兵家大忌，但卻少有人能脫身，包括我自己在內。記得我在民國79年上台做市場分析報告時，曾經不經意的脫口而出：「股票市場是活生生人性屠宰場。」當時，語驚四座，許多長官同仁都皺起了眉頭，但是這卻是我每天接觸客戶以及在號子中看到投資人的憂悲苦惱與喜怒哀樂的有感而發。可是，10多年來，我所犯下的幾次錯誤，多少次賠錢與斷頭的經驗，也都是因為過不了一個「貪」字。就算做對了行情，賺到了錢，當別人在恭喜我時，長官稱讚我時，心中還是不禁回想

起過程中的煎熬。有時對同仁下了指令要他們買進、平倉或按兵不動時，那個因貪而起的種種擔心、恐懼還是會時時衝擊著內心，所以覺得金融市場真是一個修行的好地方。

經濟學上長期有一個是要用法則或是權衡判斷（rule or authority）的辯論，面對人性的貪與金融市場的變幻無常，建立適當的法則並且遵行，應該會是減少損失而確保獲利的良方之一。「留上、留下，只賺中間。」才可能做到「低買、高賣，多賺少賠。」如果真的能心無罣礙地實行50、60投資哲學，或許就能修成正果了。

投資方法

既然提到的建立投資法則，除了50、60投資哲學之外，其實絕大多數的投資朋友是會自己做功課，並分析行情的。有些人還會跟我分享或是研究各種分析的訣竅，有些方法只適合資訊充足而且比較專業的投資人使用。這麼多年來，我也一直在尋找一些適合大眾使用的簡易分析法來配合50、60法則，希望能夠幫助大家在黃金市場獲得穩定的收益。

其實關於黃金的投資方法，我認為會比投資股票還要容易，因為在股市的投資朋友所用的分析工具幾乎都是國際專業交易人員或經理人的等級，這些方法當然可以有效的運

用在金價分析上，但對普羅大眾而言還是不太容易。也有些人曾經提過，投資黃金不過就是低買高賣，但是到底何者為低？何者又為高呢？在此，也跟讀者分享一些簡便的黃金投資及分析方法。

在進入這些投資方法之前我想要說的是，這個世界上並沒有一種完美又不花力氣的分析方法，可以百分之百預測短、中、長期所有的行情變化；而且任何方法的運用都需要經過一段期間的運用與熟悉，加上自己經驗的累積，「沒有白吃的午餐」，也「沒有不勞而獲的收益」。量子基金的創辦人，投資趨勢大師吉姆‧羅傑斯（Jim Rogers）曾這麼說：「我在投資上犯過許多錯誤，每一次的錯誤都是我自己的責任，沒有任何人需要負責，是我不夠用功，沒有好好的做功課。」這種態度成就了他今日的商品投資王國。相較於我所接觸過的許多投資朋友，總是怨天怪地，指責營業員、批評理專，但仍然希望能夠從天上掉下來一張明牌，能夠輕鬆撿現成而快速致富。如果自己完全不想付出努力，實際去驗證與操作，那麼再多的絕招恐怕也起不了太大的作用。

更重要的是，最好是先掌握大趨勢，再看短、中、期的波段，如此會提高研判波段幅度與進出時點上的準確性。在本書中曾經介紹的黃金基本角色與功能以及影響金價各種基本因素的分析，可以幫助我們勾勒出金價內在與外在的

整個大環境，導引出金價長期大趨勢的發展，可讓投資人及早地發現趨勢的轉變。例如，自2001年起，不只是金價，甚至於是所有的貴金屬、基本金屬、原物料等商品都進入了歷史上少見的長期大多頭的趨勢之中，如果忽略了這個趨勢的轉變，只是短線搶進搶出，恐怕會賺小賠大，白忙一場。因此除非具有高超的技術分析技巧與良好的交易系統輔助，還能投入充分的精力與時間，完全以賺取價差為目的，否則一般人的理財規劃最好是先辨認與確定大趨勢，以建立長期穩定的投資組合，然後利用各種分析方式協助，以一部分資金來從事短、中、期波段投資以增加獲利是較穩健的做法。甚至於以黃金投資來說，掌握趨勢，中、長期持有，對一般人應該是較佳的選擇。

長期持有是主流之一

我認為投資黃金最簡單的方法，就是長期持有。我也建議，因著保值、風險平衡的考量之下，必須長期持有部分黃金。就算是金價行情見跌，也不需要急著賣出；整體行情看好大漲，也不需要另外調節買進。

很多長期持有黃金的投資人，大都是為了保值性、避險性等防禦或策略上的考量，或有純粹資產組合的需求，此

時，價格的走勢也許不是那麼重要。此外，還有因為實體黃金不記名的特性，有些投資人會以購買黃金的方式來搭配節稅的策略；也有些投資人會以此來操作名下資產移轉事宜。

再者，假如具有充足的資訊，確定黃金會有長期多頭的榮景時，也適合長期持有。以2006年來說，新興國家的大幅成長、原物料價格持續攀升、黃金供需失衡、油價高漲、區域不安、通貨膨脹、美元的主導地位可能逐漸式微等因素，導致黃金價格不斷走高時，就很適合長期持有黃金。至於2009年則市場混沌不明，金價恐怕會陷入大區間的震盪整理格局，功力高的人可以在波段間來回賺取價差，但若操作不當，損失恐怕也會不小，所以一般人可能以採取低檔分批買進或是黃金撲滿等定期投資的方式，來平均成本與分散風險，又能夠得到長期累積的樂趣與持有的目的。

盱衡全球政經發展的大趨勢，不只是黃金，包含主要的貴金屬，如白金、白銀、鈀金以及基本金屬如銅、鎳、鋁等，乃至於許多的商品，都應該還會持續上漲許多年，雖然這些商品的價格都已經走了幾年的多頭，也上漲了1、2倍，但距離高點應該都還有相當的距離，只不過不同的商品表現差異會相當大，黃金應該是抗跌性較強且長期趨勢最看好的商品之一，長抱的風險並不太大。但是其他的貴金屬與基本金屬，因為主要是以工業使用為大宗，所以在景氣前景悲

觀的情況下，跌幅都相當的驚人，想要回到過去不斷上漲的情況，恐怕還要相當長的時間，但考慮到全球政府為了拯救市場，紛紛祭出公共支出與建設的政策，加上長期新興國家應該還是會恢復成長的趨勢，長期上漲的趨勢應該遲早會來到，但短中期之內，就要小心為上了。

　　另外，當金價一直都是在年移動平均線以上時，也很適合長期持有黃金。

1.年線投資法

　　這是我多年觀察金價的一個經驗。所謂的年移動平均線是以過去一整年的金價移動平均值計算而來，更準確的來說，應該是將1年365天扣掉假日，所剩的200多天來計算；但是扣掉可能的誤差值，以我個人的經驗來說，以200或240個交易日的整數計算是比較具有代表性的。

‧年線投資法───長期持有

　　年線法是以運用在黃金的長期投資最為適當，也較為簡便。簡單來說，當金價持續一段時間處於年線以下，則可以認定金價已經進入長期空頭走勢；反之，假如金價持續處於年線以上的話，可以判斷這段時間的金價表現為長期多頭的走勢。因此以長期投資的觀點來看，當金價持續處於年線

以下時，而且趨勢不斷向下時，就不適合長抱黃金，反過來說，就可以考慮買進黃金，長期投資。

　　由書中所提及的自1996年至今的現貨金價走勢圖可以發現，自1996到1999年金價幾乎都是在年線以下，這是一大段的空頭行情；1999年底至2001年初，1年半的期間，金價與年線開始糾纏，表示金價進入一個轉變期；而自2001年中開始，金價明顯突破年線，其後除了幾次短暫的破線外，都能維持在年線之上，一波多頭行情正式展開。

　　2008年的金融風暴發生後，金價在套現賣壓下大跌後陷入低檔徘徊，不斷的低於年線之下，這是2001年以來首見的情形，使得許多人裹足不前，也讓人見識到金融風暴的力量，這樣看來金價好像要進入空頭行情了，不過綜合其他因素與分析工具研判，應該是震盪打底，且時間會拖得很長，操作要格外審慎。這也說明了很難只用一種工具就能夠全盤掌握行情，任何的分析方法都有其限制性。

　　不過，也有些投資朋友會說，看線並不容易，常常會錯過低點與高點，這時我會提醒他們參考50、60投資哲學，以免陷入人性的弱點。

　　為了更加清楚的利用這項年線投資法則，對於願意多花一點時間分析的投資人，可以嘗試計算一個金價與年線間的乖離率：

（現貨金價－年移動平勳金價）／年移動平均金價＝乖離率

乖離率是一個百分比，所以會以0%為中心，當乖離率是正值，表示金價高於年線，反之，表示金價跌破年線，但注意的是這並不是說大於0就是高，或是小於0就是低。參考前文所繪製的圖表，不難發現，從1996至1999年的大空頭行情之間，金價大多處於零以下，也就是在年線以下，較偏為長期空頭行情。

現貨金價及年線
（1996年至2008年）

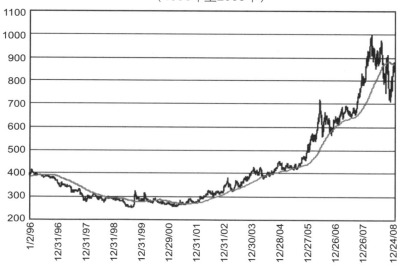

金價與年線乖離率圖
（1996年至2009年1月）

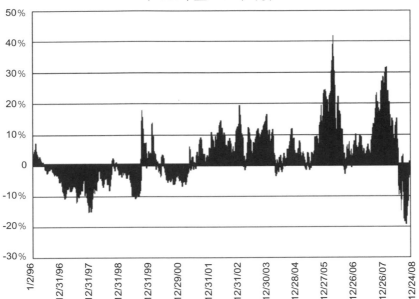

　　在這段時間裡，可以觀察到在1998年4月到1999年7月間，金價開始逼近年線，甚至曾經短暫回到年線以上，表示市場的賣壓減輕，而1999年8至9月份的下跌是因為英國宣布拋售黃金所引起，但隨即在1999年10月反彈回到年線以上。更重要的是，2001年3至5月間現貨金價再度下跌至253美元，接近1999年的251美元低點，但金價卻相當接近年線，也就是乖離率與價格走勢間出現了背離的現象，所以，之後在6月份金價突破年線，從此展開一波長多趨勢。2001年至2008年8

月之間，金價僅四度短暫跌至年線以下，其餘均處於年線以上，算是相當明顯的多頭行情，但2008年8月下旬之後乖離率不但進入負值，而且竟然比過去的大空頭時代還要低，並且持續處於負值達5個月的時間。

　　就1996至2001年的整個大空頭市場走勢來說，特別是1996至1999年間的金價幾乎持續都處於年移動平均線以下，可以看出這部分屬於長期空頭的行情。1999年時，金價快速上升，又快速下跌，我們可以說這是不確定的行情表現。到了2000至2001年時，金價年線乖離率表現出相當的抗跌性，出現了背離現象，當時，我提出金價到了270美元以下時，閉著眼睛都可以買的概念。

　　270美元的概念是來自在1999年8至9月黃金價格跌到最低谷底時，當時約是251美元左右，年線大約是277美元左右，而金價年線乖離率是-10%，比1998年1月金價位於280美元時的14%還高一些；到了2001年3至5月間，金價再次跌到253美元左右，而當時的年線來到273美元左右，金價年線乖離率收斂到-7%，不但比1998年1月及1999年8至9月小，也與2000年當金價在270美元時6至7%相當，乖離率曲線在金價的下跌中反而向上墊高，更在2000至2001年形成了雙底的走勢，讓我感覺到金價就要反轉向多了。

　　然而，在另一張圖形裡，從2001至2006年間，我們可以

看到金價持續大都在年線以上，雖然時有修正下跌，但是跌
幅與時間都不長，因此我們判斷這將是個長期多頭的市場表
現，建議客戶長期持有黃金。

　　這張乖離率圖形也顯示出，2008年3月金價再創1,030美
元的歷史高峰時，乖離率竟然比2006年5月金價在730美元時
低了很多，這個背離現象是否就意味盤勢將有一個大反轉？

　　結果其後金價果然進入修正，更在2008年第三季末起，
特別是金融風暴之後，金價與年平均值之間的乖離率竟然幾
乎一直處在負值，也就是在年線以下，這麼長的時間都無
法回來，表示金價的確有了一個很大的反轉，所以許多人
就認為多頭走勢可能要結束了。但這次的金融海嘯對金融市
場乃至於實體經濟的衝擊是歷史上罕見，干擾的因素太多，
許多過去常用的分析工具都失靈，所以單憑一個乖離率很難
分析出結果。全世界各個機構對2009年金價的預測也就南
轅北轍，從300到1,600美元都有。但這麼低的乖離率遲早會
需要修正回來，因為長期來說，價格總是會向平均的中道
靠近，縱使在大空頭市場中也會有幾次由極低值向中間修
正。因此，乖離率給了一些啟示，就是當它突然向下急跌
時，千萬不要追殺，反而可以逢低佈局。如果覺得判斷不
易，那就採取定期定額或是黃金撲滿的做法，可以平均成
本，又能夠在亂世中，建置一些防禦性或策略性的黃金部

位,當作一種保險。

・年線投資法——波段操作

年線投資法對於長期行情的判斷比較適用,但也可以當做波段投資的參考。所謂的「年線投資法」裡最重要的是看現貨金價與年線的差距或是乖離率來看投資買點或賣點。保守的人可以0%為基準,較積極的投資人可以拉高到5%,每一個曲線波動都會回到基準點或接近基準點,所以在這個前提之下,幾乎可以判定,只要接近0%(或是5%),就可以找買點或賣點。從2001至2008年間為長期多頭的走勢中,可以觀察出,乖離率在10至15%左右,是比較理想的賣點,這樣是最安全、穩定的獲利方式。當然,在2006年起的資金行情中,乖離率隨之擴大,操作的比率也要隨之調整,例如,調高到20%,所以乖離率的運用有時也要略為調整,但最好不要頻頻更動,否則可能會容易掉入人性的陷阱之中。

同時,純熟運用「年線投資法」之後,就連長期空頭市場也能找出獲利的空間。例如,從1996至2001年間的長空行情裡,依舊可以觀察到,每一個乖離率波動,都會回到接近0%的基準線,此外,幅度也似乎局限於-10%左右,因此我們可以大膽假設,當跌幅差距達到-10%左右,即是不錯買點的位置;而接近原點線時,又可以開始尋找賣點。至於,

2008年第四季起，雖然乖離率最低曾經到-19％，但也都很快回到-5％之內，所以當乖離率極低時，分批找買點還是一個適用的策略，很短的時間內當它回到-5％以內，就有5至10％的收益了。至少，恐慌性追殺是相當不理性的。

　　說到這裡應該又有投資朋友要說，這個方法並不能保證每一波都賺到，更無法發現最高價與最低價，我必須承認，沒有最完美的分析法則可以保證永遠成功，賺到每一塊錢，「年線投資法」對於長多與長空的判斷較為適用，在波段行情中，就需要搭配其他的分析工具以及個人的經驗了。但我還是要說「永遠要留點錢給別人賺」，這也是我奉行不悖的投資法則之一。如圖中的2003年乖離率曾經漲到15％的高點來說，我還是會在乖離率10％左右開始尋找獲利機會，另外的5％就「讓別人賺」，像2006年或是2008年乖離率飆到30％以上，簡直讓人膽顫心驚，這種錢還是留給八字好的人去賺，穩健的人應該早就獲利了結，同時要耐得住不要追高，因為一波行情賺到了50到60％，已經是上天的恩寵，夫復何求呢！

　　至於永遠都要買在最低點、賣在最高點的「吃乾抹淨」的投資法則，恐怕是連國際級的專家都極難達到，何況是一般投資大眾。假如要長期生存、保持獲利，一定要「留點錢給別人賺」。假如有比我預期還要多的獲利空間存在，那就

留給有那個命格的人去賺吧！

2.波段操作

在實務經驗中，許多投資朋友總是希望能夠很快在黃金市場獲利，雖然不是不可能，但總得帶著幾分機運，尤其以現貨黃金而言，短線交易似乎過於辛苦且成效不彰，但有些投資人總覺得持有過長的時間不確定性太高，還是希望能有一個比較好的短、中期投資方式。就像前文提及，國際金價通常每年都會有一、二個波段的行情，因此，經過長期觀察黃金市場的變化，我想用半年以上、1年以下的投資期間來從事波段投資對普羅大眾應該是不錯的選擇。

·波段操作——季節性與百分比法

利用金價走勢的季節性與特定的波動百分比來操作相當容易，也是我常戲稱的「懶人投資法」，這兩種方式都是經驗法則的結果，雖然不能保證成功，但大虧的風險不高，所以有許多人喜歡採用。

最簡單的波段投資方式是參考黃金的季節性行情，這個部分在前文有比較詳細的解釋。雖然波段操作的目標是設在1年之內的中期左右，時間短的有可能只有2至3個月，較長的時間也可能是7至8個月左右。例如，大約每年的第二季、

第三季裡，金價表現會較低一點；而第四季到隔年第一季通常表現會較佳。許多投資人就經常按著這樣的模式，在每年第二季末到第三季初尋找進場的時點，而在年底前後注意獲利的時機。這種方式是否能夠掌握到相對高低價區的進場時機，恐怕還是有一點運氣，如果能夠再加上一點對當時市場狀況的了解，應該可以增加成功的機會。

至於利用價格波動百分比的波段操作技巧，則是另外一種經驗法則的運用。例如，在我們所熟悉的1996至2000年左右的大空頭市場裡，波段幅度大約還有約5至10％的表現，一般投資人只要取約4至8％的安全區間來計算，還是比當時的定存利息收入來得高些。

而在進入了2001年之後的大多頭市場，金價波動的幅度比大空頭市場來得劇烈許多，我認為1年之中要掌握10至15％左右的獲利空間並非難事，甚至於有做二次以上波段的機會。至於2006年之後，可以略為放大到15到20％，其實就算是維持原來的10至15％也沒關係，只是少賺。這種做法是在相對低點進，在相對高價出，不要任意追求最高點、最低點，穩定操作，對於保守型與穩健型的投資人，應該會能有令人滿意的收益。

在實際操作上，投資人進場後，只要金價上漲超過10％以上，就要採取「窮寇莫追」的策略，沒有特殊的因素就不

要再追高，應該開始注意是否有適合的獲利機會。同樣的道理，當金價自高檔回跌超過10％以上，也就不適合再追殺，如果套牢了，只要資金沒有急用，應該耐心等待下一次解套的機會，空手的投資人，此時則可以尋找適合的進場機會了。

　　波段投資法說來很容易，但是操作起來卻有些挑戰性。最主要還是人性的貪念。例如，有些投資人總想著要到最低點才要買進，當他在波段幅度達10％左右的進場點投資，但真正的跌幅可能更甚於10％或15％的時候，他可能會感到相當扼腕，但若還想要多等一下，卻常又在金價上漲時追高。這是因為金價通常在拉回後會有一段盤整期，時間多由幾週到二、三個月，而一旦整理完成，經常是立刻發動漲勢，讓人措手不及，失去進場的機會。波段投資可以保障我們穩定的收益狀況，但是，人性的貪婪有時很難克服。因此，波段投資法說來有些考驗人性了。有時候遇到持續下跌或整理期拉長，心理層面的不安定感將會持續發酵，深怕會一直往下跌，使得無法理性操作波段獲利，同樣的當金價飆漲時，總認為自己不會是最後一個，而捨不得適時獲利，也會發生原來賺錢，但卻被套牢或最後被迫在低點出場的無奈。

　　另外一個處理的方式就是常用的分批買進及分批賣出的方式，當金價跌幅大於10％或15％時，將資金分作幾批，小

額的買進，或是使用黃金撲滿的哲學，每天小額買進，將風
險分散，靜待行情反彈或恢復上漲趨勢。而當金價有相當的
漲幅時，先不要追高，然後也是將部位分批的賣出，這樣也
可以將獲利點分散在相對高價區。

金價波段圖
（2006至2008年）

（單位：美元）

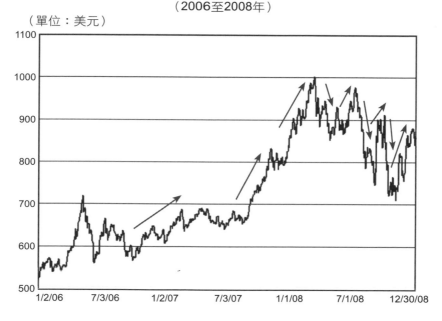

從圖中，可以發現到2001至2006年4月的曲線圖中，可
以看到這個區段屬於長期多頭的走勢。在這樣的市場表現

中，見到每一個漲勢後都會有一波拉回整理，其後又再來一波價格上揚的趨勢，這一個又一個的上漲與整理就形成我們所說的「波段」。從每兩個水平橫線之間，就是一般人都可以瞭解的整理期，我們可以在這些整理期內尋找我們進場點。在一個個區段中間有些向上的箭頭，這表示一個上揚區段的展開，在這裡，我們便可以尋找相對有利的獲利點賣出手中所持有的黃金了。為什麼要以如此機械式的圖形或規劃來說明投資法則，正因為要避免人性中難以預測的貪心與不確定感所導致的判斷失誤等情形。當然，我不排斥一般投資人輔以其他資料或時事來進行微調，但必須小心運用這些資料，不要陷入人性的弱點中。

　　接下來把圖形放大，從2003至2005年1月間，也就是整個2004年的整體表現走勢圖，我們可以觀察到在2004年初期，金價是先從2003年底的430美元開始下跌的，下跌幅度達11%左右，之後反彈上來，又跌至370美元，跌幅達16%左右。就如同我們之前所提的：超過10%左右的表現時，千萬要「窮寇莫追」，開始觀察並尋找適合的買賣點。當2004年5月間再度上漲至2004年11月底的456美元，漲幅高達23%。假如漲幅超過10%以上，就應該尋找最佳的賣出點了，縱使在15%的高點賣出，後頭又多漲了8%，也應該要事先賣出，以免到時候套牢在最高點。

　　從歷史資料裡，可以觀察到這波上漲格局，從2004年11月底456美元的高點，卻反向深深跌入411美元左右。許多投資人都是在430至450美元左右再行追高，此時金價漲幅已經超過15％，而大多數人並未在高點賣出，當價格來到411美元的相對低點時，他們相當緊張，更糟糕的是這一波整理期如果由高點下跌時起算超過半年，由2005年2月的低點起算也在4個月以上，實在是痛苦的煎熬，結果可想而知，許多投資人在410至430美元左右認賠殺出，這樣的投資狀況是很不理想的。

　　另外，還可以舉2002年11月至2004年3月的圖形來做分析。在這幅圖形中，可以見到從2002年11月的315美元上漲到2003年2月的389美元左右，漲幅約23.5％。同樣地，如同之前所提過的，在漲幅約10％左右，可以尋找一個出場點賣出。接下來，從2月的385美元跌至4月間的320美元，跌幅約18％左右，我們的動作也是於跌幅達10％左右，開始尋求一個買進點。

　　接著一段，從320美元漲至375美元左右，漲幅亦高達17％左右，我們的動作依舊是在上漲約10％左右，開始尋找獲利點賣出。

　　這時，可以有兩種選擇。第一，在320美元漲至375美元時這個波段先賣出獲利，等到修正至340美元時再尋求買點。

緊接著到2004年1月時賣出，獲利了結。

　　另一種方式為金價在320美元的相對低點時，開始長期佈局，到了年底的400美元以上時做賣出，漲幅達30％以上。中間的波段操作，均可以加上部分外在因素考量，來加以調整，以求更大獲利。

　　在這段時間裡，應該要先抓10至15％左右的漲幅，就要獲利了結出場；同樣地，跌了10至15％之間，就應該要尋求有利的買進點。這1年的金價表現，如果波段投資操作得宜，甚至可以順著兩、三個波段變化達到獲利。

　　到了2005年更是個鮮明的例子，上半年金價持續在410至430美元之間震盪修正。這時，我們認為應該是要在420美元左右進場，但許多投資人希望繼續等待而錯失良機。例如，第一波錯過了，到了430美元時再進場，到了10月間，金價漲到480美元，如此一來，還可以獲利近50美元，大約獲利率達11至12％左右。假如過了10月的480美元後，金價面臨一個小修正到456美元，之後快速上漲至540美元左右的高點，這個波段有18％，而投資人如果在第一波於420美元買進後，到了此時才賣出，這樣的獲利率則會高達28.5％。這期間，我們可以操作一次的波段投資，也可以反覆多操作一次。12月時，波段操作法又可以再度上場，從540美元跌至12月21日的489美元，到了隔（2006）年的2月2日，金價再度揚升至575

美元,漲幅達17.5%,這又是另一次獲利的機會。

但是,最後這一波並非是一般的行情做高,而是有國際熱錢突然間大量投入金市,而帶來的投資行情。對我而言,只要一看到國際熱錢進入,就顯得比較警戒些,熱錢是沒有忠誠度的,它隨時都會離開市場,風險實在很大。使得我不願意選擇在這段區間投資,所以也沒有在此段上漲格局中獲利,雖然不夠冒險,但卻贏得穩定獲利。因為必須花些時間觀察國際資金的移動、操作方式以及配合市場因素分析,如果確定是整個市場情勢已然轉變,那麼就修改原有的看法,調整波段策略,等待下一次的行情。

2008年是另一個例子,金價在2007年次貸事件後拉開一波行情,從8月中的641美元起漲,到了11月初的845美元,短短不到3個月有32%的漲幅,但隨即用兩個星期拉回了8%,再接著衝向隔年3月的巔峰1030美元,漲幅又是32%,但之後就陷入大修正。因為第一段的漲幅雖然大,並沒有瘋狂的資金追逐,但到了第二段行情走了一半時,資金市場已經過熱,要特別注意,最後兩段行情合計超過60%,就算沒有其後的金融風暴,金價應該也要修正並休息好一陣子。這兩段行情如果都用10至15%來獲利,大概是賺到接近一半,好像是太過保守,但至少不會受傷,且因為用的是懶人投資法,並沒有搭配其他分析工具,也算是合理了!這裡還可以指

出，在2006年10月到2007年4月的波段看起來平緩，但也有25%，而2008年3月以後，行情看起來是空頭，可也有相當的波動，仍然有操作的空間。但如果過度算計追逐高低點，最後恐怕會得不償失。

這也是我的另一則投資哲學，也就是：「不要想什麼行情都賺！」當對某些波段的原因相當無法掌握時，不如按兵不動，先弄清楚狀況再說，因為只要準備好了，行情永遠都有。當然這是指中期的波段而言，若是十幾年一次的長期大多頭或大空頭，可就要採取不同的策略了。永遠留點錢給別人賺，在每次的大行情中，只要能賺到五至六成就好了，這樣的投資方式會比較安全，不會受傷，可以算是個成功的投資了。我常常與同事分享說：假如有投資人可以長期都掌握到每個波段的七成，那他一定是世界級的高手。

我相信，假如投資人在2001至2008年的例子裡，參考我們所提的波段投資與長期持有的法則搭配前進，投資獲利情形應該都不錯，而面對可能還會持續的黃金長多頭行情以及在金融海嘯後的短中期震盪盤勢，這個法則應該是有相當的參考價值，唯一要考慮的是可能需要調整波段的比例。因為經驗法則需要的就是經驗的累積，這也是無法取代的智慧財產，戲法人人會變，各有巧妙不同。如果只是照本宣科，而不肯用心體會，恐怕還是難以獲得豐富的收益。運用之妙，

存乎一心吧！

　　在黃金現貨的投資上，波段投資與長期持有搭配使用之外，投資人還可以將黃金基金配合上述法則操作，以其共同基金的操作獲利可達現貨金價的二倍到五倍的幅度，相信獲將更為豐厚。

· 短波段投資——5日線與10日線

　　在波段投資上，不僅有中期的投資法，另外還有短線投資法。

　　當然，在我個人的認知裡，現貨黃金商品並不太適合做短線操作。在台灣，投資人接觸的黃金商品大多都是現貨、實體的黃金產品。以現貨金價波動率再加上實體商品的價差，使得短線交易變得困難重重，不敷效益。在處理實體黃金時，價差約在1.5至12％之間，以現在的金價來看至少在12美元以上，也就是說，投資人必須在上漲12美元之後，才有可能達到損益兩平；再者由於現貨黃金金價的波動不如股票指數來得劇烈，因此短期投資黃金獲利困難。許多人常認為金價的波動非常劇烈，但根據知名的美國賓州大學華頓學院統計過去45年來各類金融工具的價格的表現，發現商品價格還是遠比證券來得穩定。

　　但是，目前台灣的投資人一直期待能藉由短期買賣黃金

來獲利，許多人也利用黃金存摺買賣價差比一般實體黃金商品小的特性，來做短線進出，乃至於有人希望能用黃金期貨這樣的商品來做投資。所以在這裡，還是要提供短線的波段操作方式，但要提醒一下，如果要進入期貨市場，這個分析法可是稍嫌簡單而不足的。

其實短波段操作方法可以分為兩種。第一種很簡單，幾乎不用技術分析，只需要利用經驗法則，但是這樣的風險會很大。比如說，有些投資人會觀察部分金價的漲跌幅，順著走勢操作。以2005年來說，在盤整期中，上下震盪的幅度大約是在10至20美元左右，假如有投資人能抓住這種節奏，到了上漲10美元之後，便可伺機而動，出脫持有黃金，獲利了結；同理，跌到10美元左右，也要開始尋找買點，如此一來，扣掉處理費、買賣價差後，還可以小賺一筆。由於背後沒有相當的理論背景與分析基礎，因此，假若對於市場不夠熟悉，或是市場有不可預期的意外發生時，常常無法掌握。到了2005年第四季之後，金價短線波段明顯加大，擴大到20至40美元之間，2008年還出現單日100美元的變化，假如短線操作得宜，自然獲利機率會加大許多。但這些都必須依賴對於市場的瞭解，只能僅供參考。就像之前提到的，經驗法則依賴的就是經驗的累積與純熟。

接下來，提供一個在技術分析上，較為實用的方法。

在技術分析上，常用的工具相當多，有K線、平均線、MACD、KD值、RSI……等，來協助我們找到最佳的買賣點。但是，做了再多的技術分析，也不能與市場趨勢作對，永遠謹記「趨勢是我們最好的朋友」。有些投資人常會問我：「價格怎麼會這樣走？價格完全沒有道理！」但是我常會提醒他們：「價格就是道理，沒有道理的是我們，因為我們沒有掌握行情！」當價格出現時，它就有道理，只是我們還搞不清楚為何會這樣。

　　根據我的觀察，除非是較為專業的投資人，可能拿到專業的數據且運用高深的分析工具與技巧，不然，一般投資人所能拿到手可供參考的的技術分析數據是不多的。

　　在這裡提供一個方法，那就是利用現貨金價的日線，搭配金價的10日移動平均線，最多加上金價的5日移動平均線，來組成較佳的短波段操作工具。

　　這個技術分析的理論相當的簡單，就是當金價日線向上突破了10日移動平均線，也就是俗稱的黃金交叉時，就是一個短波段買點；反之，假如日線向下跌破了10日平均線，形成死亡交叉，那就是我們的賣點。

　　舉例而言，2005年來說，在上半年多為盤整格局，下半年金價則呈現越漲越高的格式，假如我們操作現貨黃金而言，上半年會有些施展不開，以年線分析或中波段分析的角

度來說，可能建議為逢低進場接貨，準備等待大波段來臨。
我們可能從2005年2月間以低於430美元的價格買進後，面臨
相當長一段時間的盤整與等待。但是有些投資人已經不耐寂
寞，便勇於殺出，最後都沒賺到錢。

2005年1至8月的日線與10日線

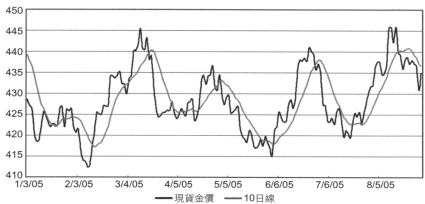

如果可以在此時運用短波段操作方式，也許可以扭轉乾
坤，反而可以獲利。舉例而言，金價在2月11日於417美元突
破10日線，而在3月17日於439美元跌破10日線，高低價差約
22美元，雖然錯過了最低價與最高價411美元與446美元，但
在一個35美元的短線行情中賺到了22美元也是相當不錯了。
同樣的機會在5月底到7月初又發生一次，金價日線於5月底大
約在418美元處突破10日線，維持將近1個月之久，到了6月下

旬時，創了最高價約443美元後，在438美元跌破10日線，這樣的策略操作，又有將近20美元左右的獲利。

接著上一段的行情，現貨金價跌回419美元，之後又移動上漲到423美元再度漲破10日線。7月間，日線再度於422美元處，突破10日移動線後，沿著10日線往上攀升至449美元，於8月間在440美元處，跌破10日線。投資人按著短線操作，也可已有相當18美元的獲利空間。其後運用10日線，還有好幾次的短線行情可以操作獲利。

同樣的，在2008年第二季後的大修正行情中也可以利用10日線與日線來操作，基本上，只要是形成黃金交叉買進而死亡交叉賣出，成功率還是很高，尤其是7月、9月及10月底之後的三次較大反彈，都提供相當不錯短波段進出機會。

但是，10日線與日線的搭配也無法百分百掌握行情。所以，我們必須認識線型的反轉型態，日線與10日線有可能會有一段時間是交疊出現，呈現糾纏的狀態，這時理應按兵不動；但是假如兩線出現反轉型態，我們就可以考慮操作買進賣出的動作。

以K線來搭配圖形瞭解，會更為清楚反轉型態。當日線從低點向上突破10日線時，我們可以觀察到K線，在日線突破10日線的瞬間，會呈現一種圓弧狀的反轉形態，而且在轉折時，是以十字線或陽線居多。反之，當金價由高點要反轉

跌破10日線時，十字線與陰線必將開始出現。K線還有許多的排列與型態辨識技巧，這就需要另外專門的研究了。

一般投資人在運用此法之前，必須要瞭解反轉形態的相關圖形，而且要有基本的線型判斷能力，畢竟短線操作是要相當的功力與經驗的。再者是當日線與10日線發生糾纏時，就必須按兵不動，等到出現反轉型態後，再進行投資操作。

舉例而言，就剛才分析2005年來說，9月到10月下旬，日線與10日線就呈現相當明顯的糾纏狀態，雖然前後有將近20美元的價差，但是我還是堅持按兵不動，避免風險。直到11月初，日線明顯由陰線轉成三支陽線，一支比一支高，於11月9日在464美元，突破10日線，收在一個漂亮的高點467美元，正式站上10日線。雖然之後有些橫向走勢，但是收盤價依舊能維持10日線之上，大約一個星期後，再度明顯向上衝。這一波多頭走勢，在11月9日衝破463美元處，一路上攻至12月初時的540美元左右，當天的收盤卻收在較低價大約527.90美元處，留下一跟長長的上影線，第2天和第3天都收長黑線，並在514美元跌破10日線，這該是獲利出場的時候了。以這樣的短線來回上下價差應有50美元，獲利可謂豐厚。

2005年8至12月日線、5日線以及10日線

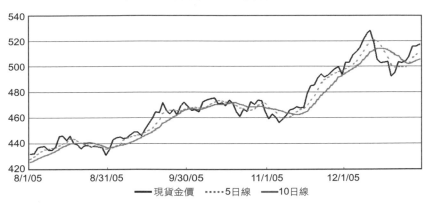

在前文談到黃金需求時，曾經探討過在2005年11月起的飆升行情，因為當時只注意到製造業需求的衰減與基金資金的調節，但忽略了金融性資金的前仆後繼，而認為金價將要陷入拉回整理。但若運用這裡提到的10日線法或加上5日線一起運用，就能夠掌握住其後的幾波連續行情。

當然有些投資人會問道：「10日線與日線有時會呈現糾纏，且日線會假突破10日線，該如何避免？」我想，這的確屬於在技術分析上較難解決的難題，要解決這種情形需要相當經驗才能克服。

面對部分較為保守的投資人而言，希望避免過多的風險，只好再加入5日移動平均線來做搭配日線、10日線操作，會較為安全。

　　以日線向上突破10日線的方式來說，是一個「黃金交叉」；而跌破10日線時，稱之為「死亡交叉」。在這裡，可以在搭配5日線來幫助我們瞭解。

　　通常日線向上突破10日線的過程中，一定會先突破5日線，再行突破10日線，並產生「黃金交叉」，之後，5日線也會突破10日線，再產生一個「黃金交叉」，這樣的走勢，我們可以認為那是相當好的買點。但是，5日線突破10日線的時間點會比日線突破5日線及10日線來得晚一些。因此，可以據此判定一個波段區塊的產生，雖然也許會失了先機，但是這樣會比較安全。而日線與5日線、10日線產生「死亡交叉」，5日線再與10日線產生「死亡交叉」時，從中確保賣點的真正出現時刻。如果再配合日K線反轉型態的確認，那麼成功率會更高。

　　雖然加入5日線的考量下，會讓時間點往後挪個幾天左右，雖然壓縮了獲利的空間，但是安全性卻可以增加。

　　舉例來說而言，2005年11月到12月間的行情來看，11月8日時，日線突破5日線，11月9日突破10日線，達463美元；此處出現了個反轉形態，由於每條線之間有些糾纏狀態，所以很難判斷其背後意義。第3天，5日線突破10日線，此時便可以放心進場，雖然多等了幾天，進場價格也高了4美元以上，但也更加確立走勢。到了12月將近中旬時，金價在最高

點540美元處，收了個上影線；第2天也收個黑線，於521.50
美元處，跌破了5日線；第3天於514美元處，跌破10日線；第
4天，又收個黑線，同時5日線跌破10日線。這時，就知道賣
出點已經出現。雖然到了第4天的金價已經來到505至510美元
間，比只利用10日線少賺了5至10美元，但也提高了穩健性。
而在2008年的劇烈波動中，這種分析法如果運用得當，波段
的掌握也會更容易些。

現貨金價及5日與10日移動平均線

（2008年1月2日至2009年1月12日）

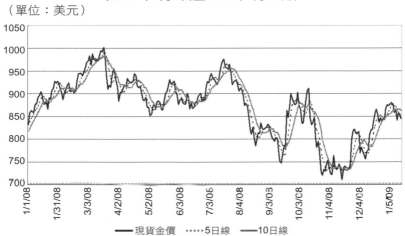

積極型的投資人可利用日線配合10日線的做法，輔以充足的經驗，必能有相當獲利；而保守型的投資人，運用以上的條件再加上5日線的搭配，也能有一番作為的。假如經驗更豐富之後，能再加上觀察K線的反轉型態與線形糾纏、排列與線型等，應能更得心應手。

有些投資人應該早就發現了，每當黃金行情發生「黃金交叉」或「死亡交叉」時，臺灣銀行的國際金市報告中特別標明指出，而在國際金市日報也會提供當日現貨金價與主要期間的移動平均線值，這也是提供客戶利用這樣的資訊輔助操作，增進瞭解有關尋找買點賣點的訊息。

投資人特性與商品組合

在投資黃金的過程中，除了要瞭解商品本身的種種特性以及審慎分析行情外，另一個變數可能就會發生在投資人的身上，因此，也需要觀察投資人本身特質與黃金商品之間的關係為何。於此，可依投資人的特質，分為保守型、穩健型、積極型與冒險型四種，再來搭配黃金商品來進行交叉分析。

商品種類	投資人屬性	專業能力	投資期間	風險承受度（波段價格波動幅度）
保本型組合商品	保守型	低	短期至中期	保本，最大風險為投資期間之存款利息收入
黃金條塊投資性金幣	保守～穩健型	中低	長期，至少1年以上	10至25％
黃金存摺黃金帳戶	穩健型	中	1.中期波段（約半年以內）2.長期	10至25％
黃金基金	積極型	中高	1.中期波段2.長期	30％以上
增值型組合商品	積極型	中高	短期至中期	視商品設計，最大風險與黃金期貨、選擇權相當
黃金期貨選擇權	冒險型	高	短期至中期	財務槓桿約20倍以上

　　假如是一名保守的投資人，甚至於不希望有虧損發生，則不具價格波動風險的保本型黃金組合商品應該會是較佳的投資選擇。同時，保守的投資人通常會是所謂的風險趨避者，因此會為了避險或保值的需求購買黃金，長期的持有黃金條塊或金幣也可以列為其投資計畫之一。

　　至於穩健型的投資人，我們預期他可以承擔一點投資上

的風險，通常大約在10至25％的下跌風險或是波動，那麼黃金存摺、條塊、金幣都是相當適合的投資工具。

而積極型的投資人希望能有多一點的收益，不過，也願意承擔多一些的風險，大約可以承擔到30％以上的價格波動，這時除了黃金存摺之外，黃金基金也是可以考慮納入投資組合，以達到更亮麗的投資表現。

對於冒險型的投資人，期許他是能夠衝鋒陷陣的勇士。除了勇氣之外，專業、果斷都是需要的條件，也能夠承擔超過本金的損失，他可以考慮以黃金存摺、黃金基金、黃金期貨或者是增值型的黃金組合商品等來做搭配，以達到更高收益的可能。

除了這四種型態的基本分析外，還可以從另一個層面來討論投資人的特性。根據投資人本身對於金融商品瞭解程度，區分為三種類型。首先是專業型的投資人，其特色在於，所掌握的資訊相當豐富，而且又能夠即時取得，同時也有能力針對蒐集來的資訊進行專業的分析與判斷。另外二種則是專業程度較中等者與不具專業能力者。

如果是個專業型的投資人，建議操作以黃金存摺、黃金基金、黃金期貨、選擇權等衍生性金融商品為主的投資工具，運用其所具備的豐富資訊，來獲取最大的利益。

假設是個專業程度中等的投資人，建議以黃金存摺為

主，搭配少量的黃金條塊與黃金基金為輔，來進行投資。

　　若是專業程度相當不足的投資人，表示其對於金融市場的瞭解相當有限，則可以黃金存摺為主，最好是利用黃金撲滿等工具，再搭配黃金條塊、金幣與保本型黃金組合商品。

　　此外，還要考量每個投資人對於風險承受度的狀況來做區分。有的人也許很專業，但是風險承受度很低。但是風險承受度低也不盡然表示投資人保守特性，因為風險承受度還隱含是否具有承受虧損的能力。例如，該名投資人是家中最重要且唯一的經濟來源，又或許他也肩負沉重家累，這些背景將會使他的風險承受度降低。又例如，有個年輕人，薪水高且工作穩定，尚無其他家累，則會認為這樣的投資人的風險承受度會較高些。

　　但有些人風險承受度頗高，可是他的操作策略卻十分保守，我們會希望他能經由自我調整，成為一個穩健的或積極的投資人。反之，有些投資人的風險承受度很低，沒有能力承擔任何風險，但是投資策略卻又相當冒險，這個時候，他應該自我調整成為一個較穩健的投資人。

　　考量風險承受度的因素出發，以黃金商品金字塔的圖形來做分析。風險承受度較高的投資人，可以風險較高的黃金商品，例如，黃金基金、黃金期貨選擇權為主的投資組合。而風險承受度很低的人，可能必須以保本型黃金組合商品、

黃金條塊、金幣搭配黃金存摺來進行投資。另外，風險承受度中等的投資人，我們會建議以黃金存摺為主，搭配一些黃金基金與部分黃金條塊。

綜合以上所述，假設有個冒險型的投資人，他的風險承受度又高又專業，建議他的黃金組合配置不見得需要達到整體投資總額的一成，應當可再加重於證券市場的投資比例或是以他所熟悉的商品為主。然而，若有個穩健、保守，風險承受度又低的投資人，我會建議放在證券市場的資金不要太高，乃至於黃金的持有應在總投資金額的一成以上。

假設有個積極冒險型的投資人，風險承受度又高，且相當專業。但他已經將大幅度資金投入股票市場裡或是許多高風險的投資工具，建議應該要適度持有一些黃金，來平衡投資上可能的風險。雖然以這名投資人的特質看來，投資期貨、選擇權似乎比較合適。但是，如此一來，加上他早先在股市的投資，將會使他的投資組合，風險節節攀升。有鑑於金價常與股價成略為反向關係，且對股價的波動有一定的抗跌性，所以黃金存摺可能會是較佳的選擇，來分散他整個投資組合的風險。

觀念運用

所有的投資人總是想買在最低點，賣在最高點。我只能說，世界上沒有一種分析工具，能夠保證我們買在最低點，也賣在最高點。再度強調，運用投資分析技巧，只能提高我們投資的勝算大於一半，或是更高些，但是不能百分百保證可以在投資時無往不利的。不可能有讓我們抓到每一塊錢的這種法則的。

也因此，利用這些投資方法與哲學，是要來幫助我們設定一些投資的規律，按照這樣的守則，運用長久累積的經驗，成就這樣機械式法則，來取代人性的弱點。但是，技術分析的方式再多都不能確保準確地命中目標。技術分析也是會有失誤的時候。技術分析只是將熟悉的歷史行情進行整理後，得出最大的可能性推斷而已。2008年的金融海嘯之後，許多分析工具都出現失準情況，需要再度累積經驗值，就連經濟學家的模型也要調整，因此，適度運用工具與專業，但也要調整自己的觀念與目標，才能成為長期理財的贏家。

在金融市場裡，對於人性是個相當大的考驗。在20年前，我在研究股票市場時，深刻體驗到整個股票市場就像是一個屠宰場，所有的散戶在其中，無情地被宰殺。這是因為機構法人除了專業的訓練、充分的訊息外，更有嚴格的內規

與紀律，儘可能減少人為的干預。

根據長久以來的經驗，我們可以這樣說，遵守投資的規律與法則，通常可以賠小賺大，確保長期獲利。而任憑自由心證，盡隨己意地投資，通常都是賺小賠大，而且不容易賺到錢。

過去所提出的，有關長期投資法、年線投資法、中波段投資法或短波段的5日線與10日線等，都是經由長期觀察黃金金價走勢，根據長久累積的經驗來設定的投資策略。但在運用上還是要自己多加觀察與實證，同時配合基本面分析與對黃金基本功能的認識，來建立自己的操作模型。

舉例來說，在2005年上半年，整體金價大約在410至430美元左右來回整理，持續一段相當長的時間。但是根據以上的投資法則，對於當時的金價仍保持相當的信心。當時我們觀察到金價仍持續在年線之上，現貨金價與年線之間的差異比仍維持在零以上，加上對整體國際政經情勢與黃金供需面的了解，確信行情仍處於長期多頭的局面。就算有短暫的整理修正，也不需要太擔心，反而是買進的時機。不過，當我在分享這樣的訊息給客戶時，他們卻都對於金價表現十分的憂慮。

雖然年線乖離率有幾度逼近零線上下，但是衡量其他的法則，只是技術上的假突破，反而是最後的進場機會；再

者，在上半年，有一小段時間，金價比年線稍高一些，很多投資人卻在此時因恐懼心理作祟而殺出，忽略了金價已經下跌一成，應該是尋求買點的時候，見到金價稍微有些上揚，便莽撞殺出，沒賺到錢，日後面對金價的快速攀升，也只能徒呼負負了。

如果投資人能參考此章中所提的日線配合5日線、10日線的操作，相信在這段盤整時期，必能找到相當多值得投資的波段。

再者，有人會提出：「一旦買進黃金後，就算跌到很低的價格，只要我不賣出，就沒事了？」

這時就要回頭蒐集相關基本分析的資料，在進行買進賣出的動作前，必須考量種種可能影響的因素，例如，黃金的供需面、美元、利率等基本環境。只要之前的推論合理、原來的分析及支持我們做出買進的種種因素都沒有改變的前提下，縱使金價有短暫的下跌，也不用急著連忙殺出。但是，假如合理地發現了原來所分析的因素有所轉變，那我們必須做個適當的「停損」決定，或者是改變投資策略。

停損，也是應該注意的投資規則之一。這對於一個投資人而言，是一個相當難做的決定。在我個人投資或從事交易的生涯中，早年因為時常加入個人主觀的情感判斷，總是認為自己原來所認定的沒有錯，只要耐心等待，行情必定會如

我所預期的反轉回來，因此沒有嚴格遵守自己所定下來的規範，沒有及時做出停損的決定，造成更大的損失。

相對地，假如價格達到高點處，一切的分析都支持我們之前所做的，到了一定價位就要獲利了結，而所有因素都未曾改變的原則下，千萬不要多所期待，趕緊做出「停利」的決定，如此才能確保真正的收益。

再以2005年來說，在10月時，金價達到480美元的高價，漲幅達到15％左右，當時分析金價與年線的乖離率已經達到10％左右，在這裡應是個適當的獲利點。再者就當時的市場供需與技術分析來說，價格有個頗為明顯的偏離；第三，在金價到達480美元之前，已經屢次跌破10日線，但後來卻又能迅速拉回，但這些變化裡，卻沒有顯而易見的反轉形態，而是糾纏不清。綜合上述表現，我認為當時應該快點停利離場了，以為接下來的11月會是價格盤整的時期，沒想到當時的因素改變，以致於和原來的分析不同。

當時的國際資金，尤其是對沖基金在金價達到480美元的高點之前，就已經陸續進場就位，然而，當我們決定於480美元獲利了結出場後，這些基金似乎也在適度的調節部位，讓我確信價格將會盤整，但卻忽略了黃金EFT所帶動的廣大資金迅速補足這個空檔，而基金的部位僅是略為調節，並沒有大量減少，在錢潮推升下，金價僅略為拉回至456美元，也就

是僅回檔三分之一，強勢整理後，就再度大漲。

　　因為忽略了資金的力量與移動，就算看到金價開始向上攀升，日線與5日線、10日線都已經出現了黃金交叉的圖形，卻仍堅持過去的判斷是無誤的，結果錯過了當年11月、12月的那波上漲行情。

　　所以，如果我們已經做好投資策略後，就應該盡量執行。掌握過去所分析的一切變數，若有改變，或有其他因素的影響，就應該立即修正計畫，如此一來，才可以確保每一次的投資有更完美的收穫。相信讀者們在閱讀本書後，如能參考書中的種種分析方式，多加揣摩，在累積經驗後，必能建立起自己的黃金組合，獲得金光閃閃的人生。

【附 錄】

一、黃金存摺簡介

1.什麼是黃金存摺

· 黃金存摺以1公克黃金為基本掛牌單位，您可以隨時或定期委託臺灣銀行，買進黃金存入存摺，也可隨時將存摺內的黃金回售臺灣銀行，或依臺灣銀行規定轉換黃金現貨。

· 開戶後，臺灣銀行將發給黃金存摺以登載您買賣黃金之餘額等資料。

2.開戶手續

· 自然人、法人及機關團體皆可申請。

· 憑身分證(法人及機關團體另須營利事業登記證或核准設立之證明文件)及第二身分證明文件、印鑑，填具印鑑卡並繳交開戶手續費辦理。

· 存戶得簽訂「臺灣銀行黃金存摺存戶申請／取消全行代購售暨變更密碼申請書（兼約定書）」申請全行代購售密碼後，向臺灣銀行各營業單位辦理黃金存摺買進或回售。

3.辦理方式

· 存戶每次買進數量最低為1公克，並得按1公克之整倍數增加，客戶持有1台兩以上之黃金條塊（不含幻彩條塊）發貨單亦可辦理轉存。

· 定期定額：須在臺灣銀行有新台幣活期性存款（支票存款除外），並填具申請書，或自行於網路申請，授權臺灣銀行於每月固定日期（6日、16日、26日，任選一日或數日），扣取固定款項（最少新台幣3,000元）及手續費，臺灣銀行將於您指定日期自動扣款買進黃金存入帳戶。

· 黃金撲滿：須在臺灣銀行有新台幣活期性存款（支票存款除外），並填具申請書，或自行於網路申請，授權臺灣銀行於每月第一個營業日一次扣取當月買進金額（最少新台幣3,000元）及作業處理費。當月買進金額將平均分配於每一營業日買進，於每月最後一個營業日彙總一筆存入黃金存摺帳戶，存戶並得選擇是否以乖離率作為嗣後變更買進金額或暫停買進之依據。

4.黃金回售

· 您可以憑存摺、原留印鑑，填具黃金存摺售出憑條，向原承辦單位（已申請全行代購售者外）辦理。

· 存戶每次回售數量最低為1公克，並應為1公克的整倍數，但將帳戶餘額全數回售或銷戶者，不在此限。

5.黃金轉帳

· 您可以憑存摺、原留印鑑，填具黃金存摺提領現貨申請書及黃金存摺存入憑條，向

原承辦單位辦理，將黃金轉帳至其他帳戶。

6.網路銀行交易

· 請於臺灣銀行營業時間內親自臨櫃申辦。

· 網路銀行之黃金存摺交易時間為每一營業日黃金存摺第一次掛牌起至當日下午3時30分止。

7.轉換黃金現貨

· 您可以帳戶內黃金餘額為限，憑存摺、原留印鑑，填具「黃金存摺提領現貨申請書」向原承辦單位辦理。

· 黃金存摺可轉換金品，限臺灣銀行掛牌之「可轉換金品」，且提領後不得再存入黃金存摺。

· 黃金條塊一經轉換提領，臺灣銀行不予買回。但幻彩條塊（含保證書）及鴻運金幣，如外觀完好如初，未受磨損、刮傷，則可憑身分證、原補繳差價之統一發票全套正本，至臺灣銀行「原發售單位」，按回售時之臺灣銀行買進牌價回售臺灣銀行。

· 黃金存摺轉換金品 (註1) 時，需自黃金存摺扣除轉換金品等量黃金 (註2)；此外，因金品含鑄造、精煉、運輸、保險及儲存等費用，故黃金存摺轉換金品時需另補繳牌價表上之「黃金存摺轉換金品應補繳款」。

（應補繳款＝提領當時之黃金產品臺灣銀行賣出價格－等量黃金存摺賣出價格）

註1：臺灣銀行黃金存摺可轉換之金品共計11種規格（即牌價表之「黃金存摺轉換黃金條塊／幻彩條塊／鴻運金幣應補繳款」有掛牌者）。

註2：黃金存摺轉換金品，單位換算如下：5台兩：187.49公克、1 台兩；37.5公克、1英兩：31.1公克、1/10英兩：3.11公克。

8.黃金存摺質借

· 您如有資金需求，可憑身分證明文件、原留印鑑及存摺向原開戶行辦理質押借款。

※黃金存摺不計算利息，因國際黃金價格及匯率有漲有跌，請自行審慎判斷並承擔風險。

二、本書相關名詞解釋

1. **長期與短期**：以西方成熟的投資市場來說，長期為3年以上；中期為1至3年；短期則是1年以內。不過，台灣的情況較不相同，通常1年就叫做長期了，但單就黃金的部分，長期的投資人至少要有2至3年的準備，若僅投資1年以內則是短期和波段性的投資人。

2. **長多與短多**：當講行情進入長多時，即是未來2到3年以上，價格雖然有著上下波動，

但基本趨勢是往上走的；反之，短多則是在很短的時間，例如1星期或是1至2個月都是往上漲，但是漲上去後，很快跌下來。

3. **波動、波段、趨勢**：以黃金來說，通常形成一個波段至少需要1至2個月。簡單來說，短線投資人賺的是波動的錢；短期到中期的投資人，賺的是波段的錢；而長期的投資人則是賺取趨勢的錢。

4. **逢低分批佈局與逢高分批獲利了結**：前者通常是指中期波段投資人的黃金佈局，即是將資金分成幾批，例如5批或10批，當價格已經跌了一大段時，每跌一點就買一點黃金，到不跌開始漲時，底部已經形成，買進的成本是在相對比較低的範圍；後者則是，等到漲到一定程度時，開始慢慢賣，待跌勢開始時再全部出清。

5. **先進先出**：舉例來說，王小姐分10批買進黃金3,000公克，平均一次300公克，爾後王小姐賣出500公克，則先進先出的損益計算是，前300公克是以第一批的成本計算，剩下的200公克是用第二批的成本；又，王小姐再賣出400公克，則有100公克是第二批的成本，餘300公克則是第三批的成本。

6. **後進先出**：意即王小姐分10批買進黃金3,000公克，平均一次300公克，爾後賣出500公克，則後進先去的損益計算是，前300公克是以第10批的成本計算，其他200公克是用第9批的成本；爾後，再賣出500公克，則有100公克是第9批的成本，300公克是第8批的成本，100公克是第7批的成本。

7. **簡單平均法**：是多數投資人最常用的。是指王小姐分10批買進黃金3,000公克，雖然每批買進價格不同，也不管中間有沒有賣出，就用買進的總金額除以3,000公克，假設得到結果是900元，則每公克的平均成本是900元，則往後王小姐賣出的成本都是900元。

8. **移動平均法**：較為準確的計算方法，每次有買進及賣出時都要重新計算。例如王小姐現在有3,000公克的黃金，買入金價是900元，爾後，王小姐再買入500公克，買入金價是910元，則每公克平均成本是901.43元（(3000×900＋500×910)÷3500）。如果未來賣出了700公克，賣出成本就是901.43元，數量剩下2,800公克。假設下一次用920元再買進300公克時，每公克成本要重新計算成為903.23元（(2800×901.43＋300×920)÷3100）。

9. **大頭部與大底部**：為市場上的俗語。前者的圖形是較大的拋物線，像一個山頭，此時市場面臨長期的壓力，價格可能會下跌；後者則是凹形的拋物線，像個碗底，價格則看漲的機會較高。當然，頭部與底部型態很多，如雙頭、三尊頭、頭肩頂、雙底、三底、頭肩底等，只要時間較長、區間較大，都可能是一個中長期較大的頭部或底部。

10. **賣盤摜壓**：為市場上的俗語。突然有比較多人或是比較大的機構及投機者大賣或是恐慌性的賣出，造成行情突然暴跌。